Hans Jecht, Peter Limpke, Rainer Tegeler, Marcel Kunze, Tobias Fieber

Groß im Handel

Arbeitsbuch mit Lernsituationen 2. Ausbildungsjahr Lernfelder 5 bis 9 –
Kaufmann/Kauffrau für Groß- und Außenhandelsmanagement

2. Auflage

Bestellnummer 203167

Zusatzmaterialien zu Groß im Handel
Arbeitsbuch mit Lernsituationen 2. Ausbildungsjahr Lernfelder 5 bis 9 –
Kaufmann/Kauffrau für Groß- und Außenhandelsmanagement

Materialien für Lehrerinnen und Lehrer:

Lösungen zum Schülerband: 978-3-14-203223-8
Lösungen zum Schülerband Download: 978-3-14-203159-0
Lösungen zum Arbeitsbuch: 978-3-14-203231-3
Lösungen zum Arbeitsheft Download: 978-3-14-203175-0

Lehrerlizenz BiBox Dauerlizenz: 978-3-14-203215-3
Kollegiumslizenz BiBox Dauerlizenz: 978-3-14-203207-8

inkl. E-Book

Materialien für Schülerinnen und Schüler:

Schülerband: 978-3-14-203151-4

Schülerlizenz BiBox Schuljahr: 978-3-14-203183-5

inkl. E-Book

westermann GRUPPE

© 2021 Bildungsverlag EINS GmbH, Köln, www.westermann.de

Die Seiten dieses Arbeitshefts bestehen zu 100% aus Altpapier.

Damit tragen wir dazu bei, dass Wald geschützt wird, Ressourcen geschont werden und der Einsatz von Chemikalien reduziert wird. Die Produktion eines Klassensatzes unserer Arbeitshefte aus reinem Altpapier spart durchschnittlich 12 Kilogramm Holz und 178 Liter Wasser, sie vermeidet 7 Kilogramm Abfall und reduziert den Ausstoß von Kohlendioxid im Vergleich zu einem Klassensatz aus Frischfaserpapier. Unser Recyclingpapier ist nach den Richtlinien des Blauen Engels zertifiziert.

Druck und Bindung: Westermann Druck GmbH, Braunschweig

ISBN 978-3-14-203167-5

Der Unterricht in der Berufsschule soll die Schülerinnen und Schüler zur Mitgestaltung ihrer Berufs- und Arbeitswelt befähigen. Um diesem Anspruch gerecht zu werden, muss im schulischen Handeln von **beruflichen Handlungssituationen** ausgegangen werden. Dies sind relevante berufstypische Aufgabenstellungen und Handlungsabläufe, die die Auszubildenden in ihrem späteren Berufsleben antreffen werden.

Im Unterricht wird daher die Arbeit mit entsprechend strukturierten **Lernsituationen** erforderlich. Sie konkretisieren die Lernfelder in Form von **komplexen Lehr-/Lernarrangements**. Dies geschieht durch didaktische Reflexion von **beruflichen Handlungssituationen**.

Im vorliegenden Arbeitsbuch wurden Handlungssituationen für das 2. Ausbildungsjahr des Ausbildungsberufs **Kaufmann/-frau für Groß- und Außenhandelsmanagement** konzipiert, die auf die Durchführung eines handlungsorientierten Unterrichts ausgerichtet sind. Für den optimalen Einsatz dieses Werkes wird das Lehrbuch „Groß im Handel, 2. Ausbildungsjahr" (978-3-14-203151-4) empfohlen.

Als Ausgangspunkt haben wir Situationen konzipiert, die für die Berufsausübung im Großhandel bedeutsam sind. Daraus ergeben sich Handlungen, die gedanklich nachvollzogen oder möglichst selbst ausgeführt werden müssen (**Lernen durch Handeln**). Der Unterrichtsverlauf und die Lerninhalte sind an die Struktur der jeweiligen Handlungssituation angelehnt. Die Schülerinnen und Schüler sollen zunächst ihr weiteres Vorgehen bei der Bearbeitung selbstständig planen, bevor sie die erforderlichen Handlungen aufgrund der eigenen Planung ebenfalls in eigener Verantwortung durchführen und kontrollieren, soweit dies aufgrund der jeweiligen Klassensituation möglich ist.

Bei der Konzipierung der Lernsituationen wurde Wert darauf gelegt, dass darin eine Problemstellung (**Handlungssituation**) enthalten ist, die einen klaren Bezug zu einer oder mehreren typischen beruflichen Handlungssituationen aufweist. Wir haben darauf geachtet, dass die **Handlungsaufgaben**, die zur Problemlösung bearbeitet werden sollen, eine ausreichend hohe, aber nicht überfordernde Komplexität aufweisen. Im Rahmen der ersten Handlungsaufgabe jeder Lernsituation erfolgt zunächst eine Reflexion und Erarbeitung der Problemstellung und die Planung des weiteren Vorgehens zum Lösen der aufgeworfenen Probleme. Diese erste Handlungsaufgabe sollte daher im Klassenverband gemeinsam bearbeitet werden.

Zur Problemlösung müssen mithilfe des Lehrbuches zunächst theoretische Lerninhalte erarbeitet werden. Die darauf aufbauende Problemlösung führt zu einem Handlungsprodukt. Dies ist das geistige oder materielle Ergebnis des Unterrichts. Daran kann der Erfolg des individuellen Lösungsweges gemessen werden. Es kann Folgendes kontrolliert werden:

– Ist die anfängliche Problemstellung erfolgreich gelöst worden?

– Welche Fehler (z. B. Informationsdefizite) waren die Ursachen für ein unzureichendes Handlungsprodukt?

Nach Durcharbeiten der Lernsituationen sollte Zeit eingeplant werden für Übungs-, Anwendungs- und Transferphasen, in denen das neu erworbene Wissen reorganisiert und gesichert werden kann. Im Rahmen der **Vertiefungs- und Anwendungsaufgaben** zu vielen Handlungssituationen haben wir derartige Übungs- und Wiederholungsaufgaben konzipiert. Darüber hinaus werden in den Vertiefungs- und Anwendungsaufgaben auch Inhalte bearbeitet, die aufgrund der Wahrung des Handlungsstrangs der Lernsituation nicht im Rahmen der Handlungsaufgaben bearbeitet werden konnten. Ferner stehen **im Lehrbuch** eine Vielzahl von Aufgaben (zum Wiederholen und Üben) und Aktionen (zur Anwendung und zum Transfer) zur Verfügung.

Für Verbesserungsvorschläge und Anregungen sind Verlag und Autoren stets dankbar.

INHALTSVERZEICHNIS

1 Wir berücksichtigen bei Vertragsabschlüssen den Erfüllungsort und den Gerichtsstand

HANDLUNGSSITUATION

Anne Schulte wird von Herrn Harriefeld, dem Abteilungsleiter Einkauf, mit drei kniffligen Fällen konfrontiert.

Fall 1:

Die Fairtext GmbH, Hannover, bestellte Waren im Wert von 12.675,89 € von einem Hersteller in Hildesheim. Im Kaufvertrag gab es keine Vereinbarung über den Erfüllungsort und den Gerichtsstand. Die Ware wurde bisher nicht geliefert, gleichzeitig schickt der Hersteller wiederholt Mahnungen. Die Fairtext GmbH bezahlt natürlich nicht. Der Hersteller kündigt an, die Fairtext GmbH vor Gericht zu verklagen.

Fall 2:

Die Fairtext GmbH hat eine Lieferung der Uhlendorf Büro GmbH in Hannover bisher nicht erhalten. Diese hat die Ware aber ordnungsgemäß abgeschickt.

Fall 3:

Die Fairtext GmbH hat mit einer Bochumer Großhandlung einen Kaufvertrag abgeschlossen. Vereinbart wurde die Lieferung „frei Haus". Der Kaufvertrag enthält aber keine Aussage über den Erfüllungsort.

Nach drei Wochen bekommt die Fairtext GmbH eine Rechnung über den Kaufpreis. Die Ware ist jedoch nie bei der Fairtext GmbH angekommen. Die Bochumer Großhandlung kann beweisen, dass sie die Ware ordnungsgemäß einer Dortmunder Spedition übergeben hat.

Informationen zum Lösen der folgenden Handlungsaufgaben finden Sie im Lehrbuch „Groß im Handel, 2. Ausbildungsjahr" im Kapitel 1 (Erfüllungsort, Gefahrenübergang und Gerichtsstand) des Lernfeldes 5.

HANDLUNGSAUFGABEN

1. Vor welchem Problem steht die Fairtext GmbH in den drei Fällen?

_____

_____

2. Führen Sie mindestens drei Gründe für die große Bedeutung des Erfüllungsortes beim Abschluss von Kaufverträgen an.

_____

_____

_____

_____

3. Geben Sie an, wo sich bei der gesetzlichen Regelung der Erfüllungsort befindet.

_____

_____

_____

4. Führen Sie das zuständige Gericht an, das bei Streitigkeiten zwischen Käufer und Verkäufer zuständig ist, wenn im Kaufvertrag nichts anderes geregelt wurde.

_____

_____

5. Entscheiden Sie, bei welchem Gericht der Hersteller im Fall 1 die Klage wegen Nichtzahlung einreichen muss.

_____

_____

6. Nachdem die Ware aus Fall 1 nun endlich ordnungsgemäß bei der Fairtext GmbH eingegangen ist, bezahlt sie den Betrag bar per Boten. Dieser entschließt sich aber, das nächste Flugzeug zu den Bahamas zu nehmen.

Stellen Sie fest, ob die Fairtext GmbH ein zweites Mal zahlen muss.

_____

_____

7. Erläutern Sie, wer im Fall 3 das Verlustrisiko bei einem eventuellen Verlust trägt.

_____

_____

8. Entscheiden Sie, wo die Fairtext GmbH im Fall 2 Klage einreichen müsste, falls sie anzweifelt, dass die Ware ordnungsgemäß abgeschickt wurde.

_____

9. Entscheiden Sie, ob die Fairtext GmbH im Fall 3 den Rechnungsbetrag bezahlen muss.

_____

_____

_____

VERTIEFUNGS- UND ANWENDUNGSAUFGABEN

Die Frugo KG in Schönstadt bestellt am 28. Februar bei der Südfrüchte GmbH in Hamburg folgende Waren:
- 15 Kisten Kiwis,
- 200 kg Äpfel Braeburn, Handelsstufe I.

Die Lieferbedingungen lauten: „Lieferung bis zum 8. März frei Haus. Die Lieferung erfolgt durch die Spedition Bäte."

Die Zahlungsbedingungen lauten: „30 Tage nach vereinbartem Liefertermin, ohne Abzüge."

1. Klären Sie, ob ein Vertrag zustande gekommen ist,

a) wenn bei der Südfrüchte GmbH telefonisch beim Sachbearbeiter Thiede bestellt wurde,

b) wenn nach Geschäftsschluss dem „automatischen Anrufbeantworter" der Südfrüchte GmbH die Bestellung mitgeteilt wurde.

2. Geben Sie an, wer die Beförderungskosten trägt.

3. Führen Sie den Erfüllungsort hinsichtlich der Waren auf.

4. Klären Sie, welchen Termin die Frugo KG als Schuldner bei der Zahlung einhalten muss.

5. Geben Sie den Gerichtsstand bei Streitigkeiten über die Zahlung an.

6. Es gibt Streit um die Qualitätsstufe der gelieferten Kiwis, die ansonsten mängelfrei sind.

Zur weiteren Vertiefung der Lerninhalte und Sicherung der Lernergebnisse empfehlen wir das Bearbeiten der Aufgaben und Aktionen im Kapitel 1 des Lernfeldes 5 Ihres Lehrbuches „Groß im Handel, 2. Ausbildungsjahr".

2 Verschiedene Mängelarten im Geschäftsverkehr (Schlechtleistung)

HANDLUNGSSITUATION

Die mangelhaften Lieferungen, die im Warenwirtschaftssystem festgehalten wurden, werden vom Funktionsbereich Beschaffung weiter bearbeitet. Der Lieferant Hessing GmbH sollte 550 Stück Hosenanzüge (GTIN 4021003131085) und 150 Stück Wellness-Microfaser-Anzüge (GTIN 402100313023) liefern, die leider einige Mängel aufwiesen:

mangelhafte Lieferung			
	GTIN	Menge	Mangel
Lieferung	▶ 4021003131085	50	(= 1 Karton) Hosenanzug defekt
	▶ 4021003131085	50	1 Karton zu wenig geliefert
Hinzufügen	▶ 4021003131023	150	es wurden Jeanswesten geliefert

Die mangelhafte Lieferung ist bereits gerügt worden. Trotzdem hat die Firma Hessing GmbH nicht reagiert.

Mete Öczan, zurzeit Auszubildender im Funktionsbereich Einkauf, soll nun prüfen, welche Rechte die Fairtext GmbH gegenüber dem Lieferanten hat und welche Maßnahmen eingeleitet werden sollen.

Informationen zum Lösen der folgenden Handlungsaufgaben finden Sie im Lehrbuch „Groß im Handel, 2. Ausbildungsjahr" in Kapitel 3 (Verschiedene Mängelarten im Geschäftsverkehr [Schlechtleistung]) des Lernfeldes 5.

HANDLUNGSAUFGABEN

1. Welche Probleme muss Mete klären?

2. Mete Öczan soll zunächst überprüfen, welcher Schaden bereits entstanden sein könnte.
Nennen Sie drei mögliche Schäden, die der Fairtext GmbH aus den oben stehenden Mängeln entstehen können.

3. Mete ruft den Lieferanten an, um die Firma Hessing GmbH aus Leipzig darauf aufmerksam zu machen, dass das Unternehmen immer noch nicht auf die Mängelrüge reagiert hat. Die Firma Hessing GmbH sagt Mete am Telefon zu, dass sie sofort alles unternehmen werde, damit die Fairtext GmbH zufrieden ist.

Beschreiben Sie, welche vorrangigen Rechte die Fairtext GmbH gegenüber der Firma Hessing GmbH im Moment hat.

_____

_____

_____

_____

4. Nach einigen Tagen ist wieder nichts seitens der Firma Hessing GmbH passiert. Mete und sein Chef, Herr Harriefeld, sind sehr verärgert und wollen nun weitere Schritte einleiten.

a) **Welche nachrangigen Rechte kann die Fairtext GmbH gegenüber der Firma Hessing GmbH nun geltend machen? Was würde das in dem konkreten Fall bedeuten?**

Nachrangige Rechte	Bedeutung/Konsequenz

b) **Was ist die Voraussetzung dafür, dass die Fairtext GmbH nachrangige Rechte gegenüber der Firma Hessing GmbH geltend machen kann?**

_____

c) **Unter welchen Umständen bräuchte die Fairtext GmbH dies (vgl. b) nicht zu tun?**

_____

_____

_____

_____

5. Herr Harriefeld fragt Mete, welches der nachrangigen Rechte im Fall wohl angemessen und für die Fairtext GmbH am sinnvollsten wäre.

Welche nachrangigen Rechte würden Sie im aktuellen Fall empfehlen? Begründen Sie Ihre Entscheidung.

_____

_____

_____

_____

_____

_____

_____

_____

VERTIEFUNGS- UND ANWENDUNGSAUFGABEN

1. Die Fairtext GmbH bekommt am 01.11.2021 von der Winkler KG 500 Stück Jerseykleider geliefert. Bei der Warenprüfung wird festgestellt, dass 100 Jerseykleider löchrig und daher unverkäuflich sind.

a) **Welches Recht kann die Fairtext GmbH vorrangig wegen des vorliegenden Sachmangels geltend machen?**

	Die Fairtext GmbH kann die Kosten, die für die Nachbesserung der fehlerhaften Jerseykleider durch Eigenleistung entstanden sind, und Ersatzlieferung verlangen.
	Da inzwischen ein anderer Lieferant die Jerseykleider billiger anbietet, kann die Fairtext GmbH unverzüglich vom Kaufvertrag zurücktreten.
	Die Fairtext GmbH kann wegen momentaner Unverkäuflichkeit der Jerseykleider unverzüglich die Herabsetzung des Kaufpreises verlangen.
	Die Fairtext GmbH kann weiterhin auf eine rechtzeitige Lieferung bestehen und Schadensersatz fordern.
	Die Fairtext GmbH kann die Nachbesserung der Jerseykleider oder eine Ersatzlieferung verlangen.

b) **Nach wie vielen Jahren verjähren die Gewährleistungsansprüche der Fairtext GmbH gegenüber der Winkler KG wegen der am 01.11.2021 fehlerhaft gelieferten Jerseykleider?**

Nach _____

Zur weiteren Vertiefung der Lerninhalte und Sicherung der Lernergebnisse empfehlen wir das Bearbeiten der Aufgaben und Aktionen in Kapitel 3 des Lernfeldes 5 im Lehrbuch „Groß im Handel, 2. Ausbildungsjahr".

3 Wir informieren uns über die gesetzlichen Käuferrechte bei nicht rechtzeitiger Lieferung

HANDLUNGSSITUATION

Mete Öczan, der im Rahmen seiner Ausbildung gerade in der Abteilung Einkauf eingesetzt ist, führt am Morgen des 12. November ein Gespräch mit dem Abteilungsleiter Herrn Harriefeld:

Mete: „Guten Morgen, Herr Harriefeld. Gerade habe ich ein Gespräch mit Herrn Prinzker aus der Verkaufsabteilung Sportbekleidung geführt. Er sagte mir, dass mehrere Stammkunden aufgebracht sind, weil die Klima-Aktiv-Jacken nicht am Lager sind."

Herr Harriefeld: „Das ist nicht gut. Haben Sie das schon überprüft?"

Mete: „Ja, es ist tatsächlich keine Ware am Lager. Die Ware ist bereits beim Lieferanten StaWa AG aus Frankfurt fest für letzte Woche Dienstag, den 5. November bestellt worden."

Herr Harriefeld: „Dann sollten Sie feststellen, weshalb die Ware noch nicht da ist."

Mete: „Ich werde bei der StaWa AG anrufen."

Herr Harriefeld: „Geben Sie mir bitte Bescheid, was der Lieferant gesagt hat."

Nun telefoniert Mete mit dem Lieferanten. Danach erstattet er Bericht:

Mete: „Herr Lörner von der StaWa AG hat gesagt, dass der Auftrag falsch erfasst wurde und der Liefertermin erst in einem Monat geplant war. Aber demnächst müssten die Klima-Aktiv-Jacken geliefert werden."

Herr Harriefeld: „‚Demnächst' ist ja nicht sonderlich konkret. Wer weiß, wie lange das noch dauern kann. Wir müssen sicherstellen, dass die Ware so schnell wie möglich angeliefert wird, notfalls von einem anderen Lieferanten."

Mete: „Die Hessing GmbH aus Leipzig liefert auch dieses Produkt. Aber hier ist die Ware um 7,00 €/Stück teurer als bei der StaWa AG."

Herr Harriefeld: „Dafür gibt es Lösungsmöglichkeiten. Präsentieren Sie mir bitte möglichst bald, wie Sie weiter vorgehen wollen."

Informationen zum Lösen der folgenden Handlungsaufgaben finden Sie im Lehrbuch „Groß im Handel, 2. Ausbildungsjahr" in Kapitel 5 (Lieferungsverzug) des Lernfeldes 5.

HANDLUNGSAUFGABEN

1. **Welche Probleme muss Mete klären?**

   Die Stammkunden sind aufgebracht, da die Klima-Aktiv-Jacken nicht am Lager sind. Er muss die Ware schnellstmöglich bestellen

2. Welche Probleme hat die Fairtext GmbH durch die verspätete Lieferung?

Sie könnten ~~Kunder~~ verlieren Stammkunden

3. Mete soll zunächst einmal prüfen, ob die StaWa AG überhaupt in Lieferungsverzug (Nicht-rechtzeitig-Liefe-rung) gekommen ist. Die gesetzlichen Grundlagen dazu sind im Bürgerlichen Gesetzbuch (BGB) aufgeführt. Es müssen drei Voraussetzungen erfüllt sein, damit Lieferungsverzug vorliegt.

a) **Entscheiden Sie auf Basis der Gesetzestexte, ob die StaWa AG in Lieferungsverzug gekommen ist. Füllen Sie dazu auch die Lückentexte aus.**

1. Voraussetzung: → *Ist ein Kaufvertrag zustande gekommen?*

> **§ 433 BGB Vertragstypische Pflichten beim Kaufvertrag (Auszug)**
>
> (1) Durch den Kaufvertrag wird der Verkäufer einer Sache verpflichtet, dem Käufer die Sache zu übergeben und das Eigentum an der Sache zu verschaffen. Der Verkäufer hat dem Käufer die Sache frei von Sach- und Rechtsmängeln zu verschaffen. (...)

Daraus folgt:

Durch den ___*Kaufvertrag*___ müssen die Klima-Aktiv-Jacken von der Firma StaWa AG an die Fairtext GmbH ___*übergegeben*___ werden.

2. Voraussetzung:

> **§ 286 BGB Verzug des Schuldners (Auszug)**
>
> (1) Leistet der Schuldner auf eine Mahnung des Gläubigers nicht, die nach dem Eintritt der Fälligkeit erfolgt, so kommt er durch die Mahnung in Verzug. (...)
>
> (2) Der Mahnung bedarf es nicht, wenn
>
> 1. für die Leistung eine Zeit nach dem Kalender bestimmt ist, (...)

Daraus folgt:

– Die Firma StaWa AG kommt in ___*Verzug*___, wenn die Lieferung fällig ist und die Fairtext GmbH eine ___*Mahnung*___ schickt.

– Die Fairtext GmbH muss die ___*Mahnung*___ nicht verschicken, wenn ein nach dem Kalender bestimm-barer ___*Zeitraum*___ vereinbart wurde.

3. Voraussetzung:

> **§ 286 BGB Verzug des Schuldners (Auszug)**
>
> (4) Der Schuldner kommt nicht in Verzug, solange die Leistung infolge eines Umstandes unterbleibt, den er nicht zu vertreten hat.
>
> **§ 276 BGB Verantwortlichkeit des Schuldners (Auszug)**
>
> (1) Der Schuldner hat Vorsatz und Fahrlässigkeit zu vertreten, (...)
>
> (2) Fahrlässig handelt, wer die im Verkehr erforderliche Sorgfalt außer Acht lässt.

Daraus folgt:

Die Firma StaWa AG kommt nur dann in _Ver zug_ , wenn sie die Nicht-rechtzeitig-Lieferung selbst _selbst_ hat (Vorsatz oder Fahrlässigkeit).

b) Nachdem Mete die Voraussetzungen für den Lieferungsverzug herausgearbeitet hat, sieht er sich noch einmal die Bestellung an die Firma StaWa AG an, um festzustellen, ob sich der Lieferant in Verzug befindet.

---

fairtext GmbH
Textilgroßhandlung

Ihr Zeichen:	Lör
Ihre Nachricht vom:	22.10.20..
Unser Zeichen:	Öcz
Unsere Nachricht vom:	

Fairtext GmbH · Walsroder Str. 6 a · 30625 Hannover
StaWa AG
Herrn Lörner
Mainzer Str. 75
60329 Frankfurt

Name:	Herr Öczan
Telefon:	0511 4155-58
Internet:	www.fairtext-wvd.de
E-Mail:	oeczan@fairtext-wvd.de
Datum:	25.10.20..

Bestellung Nr. 8155

Sehr geehrter Herr Lörner,

wir danken für Ihr Angebot. Wir bestellen folgende Ware zu den vereinbarten Lieferungs- und Zahlungsbedingungen:

Pos.	Artikelnummer	Artikelbezeichnung	Menge	Einzelpreis EUR
1	5001	Klima-Aktiv-Jacken	500 St.	45,00

Für die Lieferung haben wir wie in Ihrem Angebot den 5. November 20.. vorgesehen. Die Lieferung erfolgt sofort frei Haus. Die Zahlung erfolgt innerhalb 30 Tagen oder innerhalb 8 Tagen unter 3 % Skonto ab Rechnungseingang.

Wir hoffen auf baldige Lieferung.

Mit freundlichen Grüßen

Textilgroßhandlung Fairtext GmbH

i. A. _Öczan_

Mete Öczan

Stellen Sie fest, ob die Voraussetzungen des Lieferungsverzugs hier gegeben sind.

1:

2.:

3: 286(4) Verzug liegt vor

4. Mete Öczan hat Herrn Harriefeld informiert, dass die StaWa AG in Verzug ist. Aus Sicht von Herrn Harriefeld ergibt sich daraus folgende Frage:

Wollen wir die Lieferung noch oder wollen wir sie nicht mehr?

Im Laufe des Tages zeichnen sich vier mögliche Entwicklungen ab, die auf den nachfolgenden Seiten jeweils kurz beschrieben sind.

Wie soll sich die Fairtext GmbH in den entsprechenden vier Situationen jeweils verhalten?

Situation A

Die StaWa AG beliefert die Fairtext GmbH schon seit Jahren mit ihren Klima-Aktiv-Jacken. Bisher sind alle Lieferungen pünktlich eingetroffen. Die jetzt fällige Lieferung soll spätestens in drei Tagen in Hannover eintreffen. Somit können die Stammkunden von der Fairtext GmbH sehr kurzfristig ihre Ware bekommen, was diese auch auf telefonischen Rückruf akzeptieren.

§ 433 BGB Vertragstypische Pflichten beim Kaufvertrag (Auszug)

(1) Durch den Kaufvertrag wird der Verkäufer einer Sache verpflichtet, dem Käufer die Sache zu übergeben und das Eigentum an der Sache zu verschaffen. Der Verkäufer hat dem Käufer die Sache frei von Sach- und Rechtsmängeln zu verschaffen. (...)

a) **Wie würden Sie sich verhalten?**

_____

_____

_____

Situation B

Die Auslieferung der Klima-Aktiv-Jacken wird erst zum Ende der nächsten Woche erfolgen. Auch ein zweiter Lieferant kann nicht früher liefern. Glücklicherweise kann die Fairtext GmbH die Klima-Aktiv-Jacken für die Stammkunden von einem befreundeten Geschäftspartner vorübergehend ausleihen. Es entstehen aber zusätzliche Fahrtkosten in Höhe von etwa 150,00 €.

§ 433 BGB Vertragstypische Pflichten beim Kaufvertrag (Auszug)

(1) Durch den Kaufvertrag wird der Verkäufer einer Sache verpflichtet, dem Käufer die Sache zu übergeben und das Eigentum an der Sache zu verschaffen. Der Verkäufer hat dem Käufer die Sache frei von Sach- und Rechtsmängeln zu verschaffen. (...)

§ 280 BGB Schadensersatz wegen Pflichtverletzung (Auszug)

(1) Verletzt der Schuldner eine Pflicht aus dem Schuldverhältnis, so kann der Gläubiger Ersatz des hierdurch entstehenden Schadens verlangen. Dies gilt nicht, wenn der Schuldner die Pflichtverletzung nicht zu vertreten hat. (...)

b) **Wie würden Sie sich verhalten?**

_____

_____

_____

Situation C

Die StaWa AG hat große Lieferschwierigkeiten. Der Lieferant kann die Klima-Aktiv-Jacken nicht vor Januar liefern. Ein möglicher neuer Lieferant, die Firma Malaysia Import GmbH, bietet zur sofortigen Lieferung, vergleichbare Klima-Aktiv-Jacken zum Preis von 40,00 €/Stück (5,00 € günstiger) an.

§ 323 BGB Rücktritt wegen nicht oder nicht vertragsgemäß erbrachter Leistung (Auszug)

(1) Erbringt bei einem gegenseitigen Vertrag der Schuldner eine fällige Leistung nicht oder nicht vertragsgemäß, so kann der Gläubiger, wenn er dem Schuldner eine angemessene Frist zur Leistung oder Nacherfüllung bestimmt hat und die Frist[1] erfolglos abgelaufen ist, vom Vertrag zurücktreten. (...)

c) **Wie würden Sie sich verhalten?**

Ich würde bei der Firma Malaysia GmbH einkaufen.

Situation D

Die StaWa AG hat große Lieferschwierigkeiten. Der Lieferant kann die Klima-Aktiv-Jacken nicht vor Januar liefern. Die Firma Hessing GmbH aus Leipzig bietet vergleichbare Klima-Aktiv-Jacken zur sofortigen Lieferung an. Der Preis beträgt jedoch 52,00 €/Stück (7,00 € teurer).

§ 281 BGB Schadensersatz statt der Leistung wegen nicht oder nicht wie geschuldet erbrachter Leistung (Auszug)

(1) Soweit der Schuldner die fällige Leistung nicht oder nicht wie geschuldet erbringt, kann der Gläubiger unter den Voraussetzungen des § 280 Abs. 1 Schadensersatz statt der Leistung verlangen, wenn er dem Schuldner erfolglos eine angemessene Frist[1] zur Leistung oder Nacherfüllung bestimmt hat und die Frist erfolglos abgelaufen ist. (...)

d) **Wie würden Sie sich verhalten?**

Ich würde nicht bestellen

5. Mete Öczan will nun seine gesamten gewonnenen Erkenntnisse für Herrn Harriefeld aufbereiten. Daher erstellt er eine Übersicht, die alle Voraussetzungen für den Lieferungsverzug und die daraus resultierenden Rechte des Käufers enthalten soll.

Erstellen Sie eine Übersicht zum Lieferungsverzug (Nicht-rechtzeitig-Lieferung) unter Berücksichtigung folgender Aufgabenstellungen:

– Fassen Sie die wesentlichen Aussagen der entsprechenden Paragrafen des BGB zu den Voraussetzungen des Lieferungsverzugs zusammen (Lückentext).
– Berücksichtigen Sie dabei auch § 286 (2) 1 BGB.
– Stellen Sie die vier möglichen Rechte des Käufers kurz und anschaulich dar.
– Verwenden Sie dazu die Darstellung auf der nachfolgenden Seite.

---

1 Die Nachfristsetzung ist bei Rücktritt oder dem Schadensersatz statt Lieferung immer notwendig, auch wenn der Liefertermin genau bestimmt ist. Die Nachfristsetzung kann direkt mit der Mahnung erfolgen.

Der Lieferungsverzug (Nicht-rechtzeitig-Lieferung)

Voraussetzungen für den Lieferungsverzug

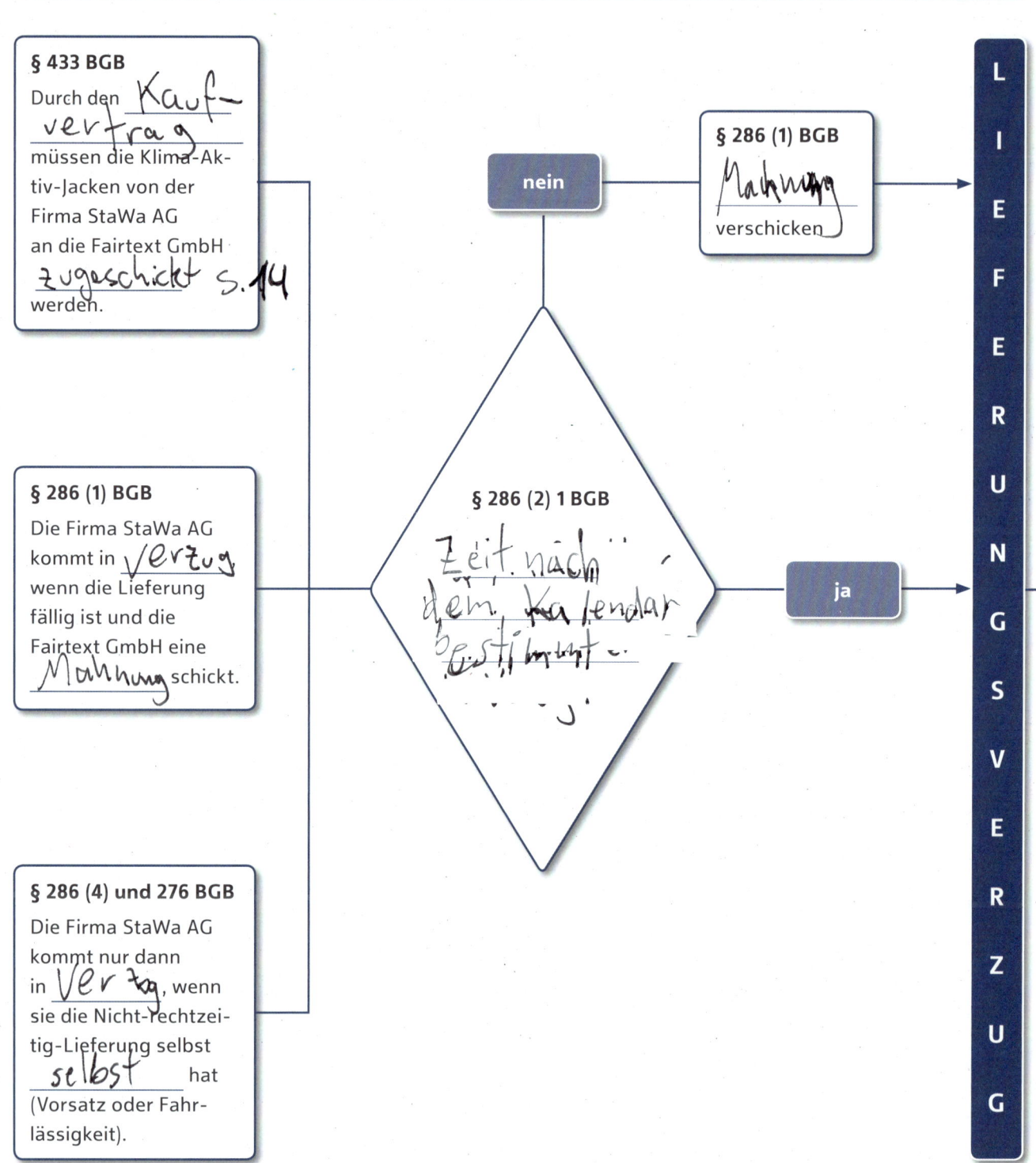

§ 433 BGB

Durch den *Kaufvertrag* müssen die Klima-Aktiv-Jacken von der Firma StaWa AG an die Fairtext GmbH *zugeschickt s. 14* werden.

§ 286 (1) BGB

Die Firma StaWa AG kommt in *Verzug* wenn die Lieferung fällig ist und die Fairtext GmbH eine *Mahnung* schickt.

§ 286 (4) und 276 BGB

Die Firma StaWa AG kommt nur dann in *Verzug*, wenn sie die Nicht-rechtzeitig-Lieferung selbst *selbst* hat (Vorsatz oder Fahrlässigkeit).

§ 286 (2) 1 BGB

Zeit. nach dem Kalendar bestimmt

§ 286 (1) BGB

Mahnung verschicken

nein

ja

LIEFERUNGSVERZUG

Rechte des Käufers

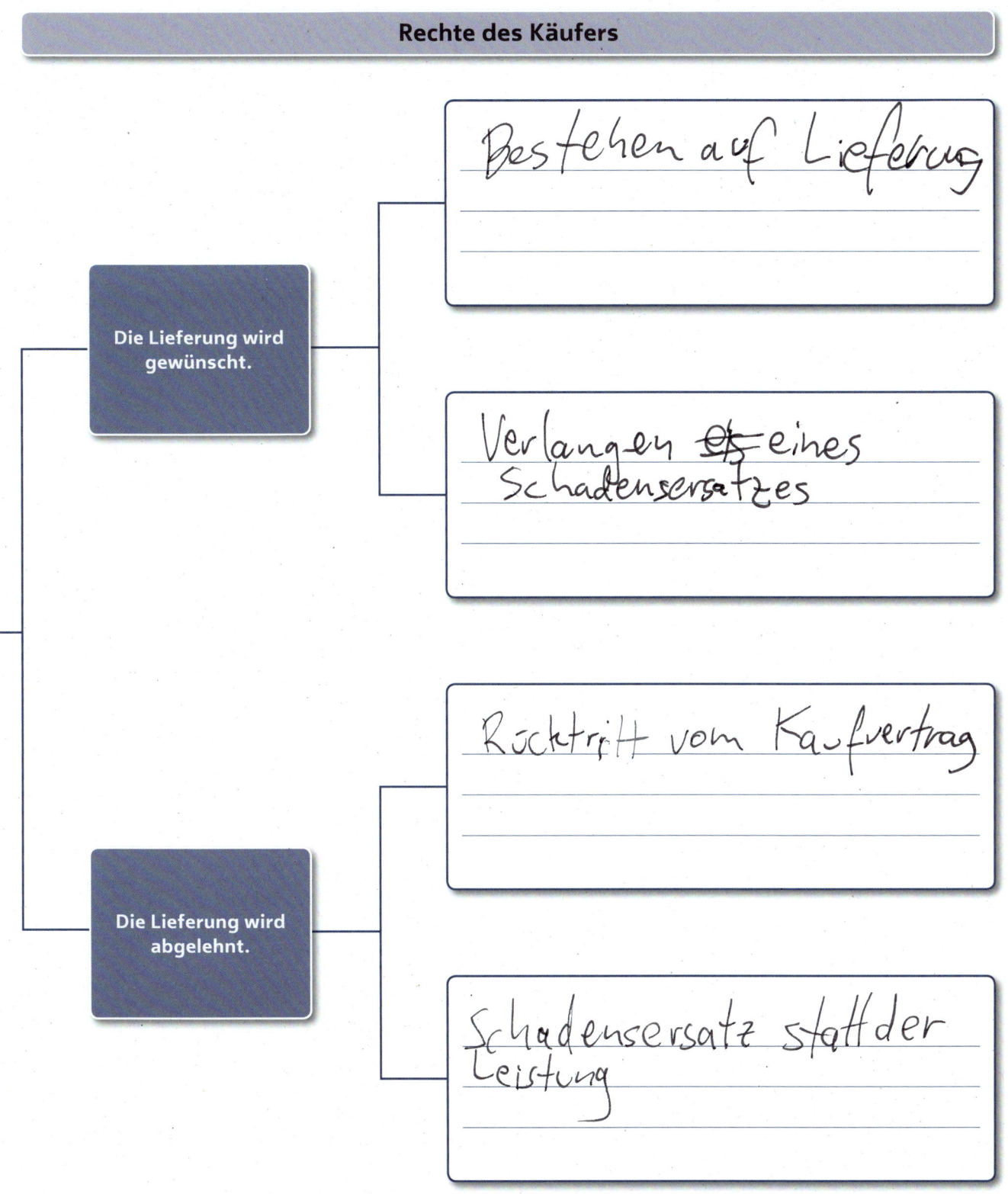

Die Lieferung wird gewünscht.

Bestehen auf Lieferung

Verlangen eines Schadensersatzes

Die Lieferung wird abgelehnt.

Rücktritt vom Kaufvertrag

Schadensersatz statt der Leistung

Bisher

VERTIEFUNGS- UND ANWENDUNGSAUFGABEN

1. Unter den Rechten des Käufers bei Lieferungsverzug gibt es die Möglichkeit, dass die Lieferung weiterhin verlangt wird.
Welche Gründe können aus Sicht des Käufers allgemein dafür sprechen, weiterhin auf Lieferung zu bestehen?

_____

_____

_____

_____

_____

_____

2. Die Fairtext GmbH hat Ware bei ihrem Lieferanten eingekauft. Mete Öczan will im Vorfeld wissen, wie er bei Störungen in der Erfüllung des Kaufvertrags rechtlich richtig handeln darf.
Welche der nachfolgenden Aussagen ist richtig?

	Aufgrund einer berechtigten Mängelrüge hat die Fairtext GmbH nur das Recht auf eine Preisminderung.
	Bei einem Fixkauf kann die Fairtext GmbH im Falle eines Lieferungsverzugs ohne Nachfristsetzung vom Vertrag zurücktreten.
	Beim Lieferungsverzug kann die Fairtext GmbH immer Schadensersatz wegen Nichterfüllung verlangen.
	Im Falle des Annahmeverzugs darf der Lieferant beim Selbsthilfeverkauf nicht mitbieten.
	Bei versteckten Mängeln braucht die Fairtext GmbH keine Rügefrist einzuhalten.

3. Die Kinke AG gerät gegenüber ihrem Kunden Fairtext GmbH mit der Lieferung von 100 Damenpullovern „Elle" in Lieferungsverzug. Die Fairtext GmbH benötigt die Ware dringend und hat sich daher die Damenpullover nach Mahnung und Verstreichen einer angemessenen Nachfrist bei einem anderen Lieferanten besorgt. Die Fairtext GmbH verlangt von der Kinke AG die Preisdifferenz für die dort teurer eingekaufte Ware. **Welches Recht aus dem Lieferungsverzug macht die Fairtext GmbH hier geltend?**

	Erfüllung des Vertrags und Schadensersatz
	Ersatz für Verspätung und Minderung
	Rücktritt vom Vertrag
	Erfüllung des Vertrags
	Schadensersatz statt Leistung

Zur weiteren Vertiefung der Lerninhalte und Sicherung der Lernergebnisse empfehlen wir das Bearbeiten der Aufgaben und Aktionen in Kapitel 5 des Lernfeldes 5 Ihres Lehrbuches „Groß im Handel, 2. Ausbildungsjahr".

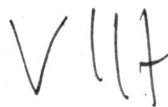

4 Wir informieren uns über die gesetzlichen Verkäuferrechte beim Annahmeverzug

HANDLUNGSSITUATION

An einem Montagmorgen trifft Caroline König Sebastian Holpert im Bus auf der Fahrt zur Fairtext GmbH.

Caroline König: „Hi Sebastian, ist bei dir in der Abteilung alles okay?"

Sebastian Holpert: „Eigentlich ja, heute muss ich allerdings einen Fall bearbeiten, über den ich mich doch stark wundere. Wir hatten Freitag einen seltsamen Besuch: Kurz vor Feierabend taucht der Lkw-Fahrer unseres Frachtführers wieder bei uns im Lager auf. Er wollte eine Sendung mit 400 Anzügen zurückbringen, die er vereinbarungsgemäß am Morgen bei der Lüneburger Filiale der Guttex GmbH vorbeibringen sollte. Dort hatte man die Abladung der Sendung nämlich mit der Begründung verhindert, man habe die Ware mittlerweile in Bangladesch günstiger besorgen können. Jetzt steht die Ware im Eingangsbereich, weil unser Lager momentan wegen der bevorstehenden Frühjahrssaison absolut voll ist. Dort behindert sie die Abläufe ..."

Caroline König: „So, und was machst du jetzt?"

Sebastian Holpert: „Ich muss mich jetzt erst mal schlau machen. Ich glaube, einen solchen Fall nennt man Annahmeverzug."

Informationen zum Lösen der folgenden Handlungsaufgaben finden Sie im Lehrbuch „Groß im Handel, 2. Ausbildungsjahr" im Kapitel 6 (Annahmeverzug) des Lernfeldes 5.

HANDLUNGSAUFGABEN

1. Welche Probleme muss Sebastian klären?

_____

_____

_____

_____

_____

_____

_____

2. Erläutern Sie den Begriff „Annahmeverzug".

3. Stellen Sie fest, ob die Voraussetzungen für einen Annahmeverzug vorliegen.

4. Erläutern Sie die Folgen eines Annahmeverzugs.

5. Geben Sie die möglichen Rechte an, die die Fairtext GmbH wählen könnte.

6. Machen Sie einen Vorschlag, welches Recht die Fairtext GmbH tatsächlich in Anspruch nehmen sollte.

VERTIEFUNGS- UND ANWENDUNGSAUFGABEN

1. Führen Sie Voraussetzungen für die Durchführung des Selbsthilfeverkaufs auf.

_____

_____

_____

_____

_____

_____

_____

2. Führen Sie Fälle auf, bei denen der Verkäufer von seinem Rücktrittsrecht Gebrauch machen könnte.

_____

_____

_____

Zur weiteren Vertiefung der Lerninhalte und Sicherung der Lernergebnisse empfehlen wir die Bearbeitung der Aufgaben und Aktionen im Kapitel 6 des Lernfeldes 5 in Ihrem Lehrbuch „Groß im Handel, 2. Ausbildungsjahr".

5 Wir managen Reklamationen und Retouren

HANDLUNGSSITUATION

Die Einzelhändlerin Silke Bachmann aus Essen hat am 10.03… bei der Fairtext GmbH folgende Ware bestellt:

Je 20 Jogginganzüge, in den Größen 38 bis 44, Farben: Silber, Marine und Rot, Obermaterial Tactel-Polyamid, Polyester, Goretex-Membrane mit verstellbarem Beinabschluss, in der Taille Kordelzug und Klemmverschluss.

Die Ware wurde am 14.03… von der Fairtext GmbH geliefert.

Am 15.03… bekommt Caroline König, die gerade in der Verkaufsabteilung der Fairtext GmbH eingesetzt ist, einen Anruf von Frau Bachmann. Frau Bachmann beschwert sich darüber, dass die Jogginganzüge die falsche Farbe haben. Obwohl die bestellte Farbe am Karton steht, sind es die Farben Schwarz und Weiß.

Caroline will die Reklamation in der Abteilung besprechen und die Kundin anschließend zurückrufen.

Informationen zum Lösen der folgenden Handlungsaufgaben finden Sie im Lehrbuch „Groß im Handel, 2. Ausbildungsjahr" im Kapitel 7 (Reklamations- und Retourenmanagement) des Lernfeldes 5.

HANDLUNGSAUFGABEN

1. Welche Probleme muss Caroline klären?

- Sie muss die Ware neu bestellen.
- Die Ware muss von dem KDen zurückgegeben werden.
- Wie kriege ich die Ware

2. Caroline möchte zunächst wissen, ob die Reklamation überhaupt berechtigt ist.

a) Worauf bezieht sich in der Regel eine Reklamation?

Mangelhafte Dienstleistung

Die Erfassung, Eingangsbestätigung, Reklamationsanalyse; Definition von Sofortmaßnahmen, Kundenkommunikation, Erhebung/Implementierung von wirtschaftlichen Langzeitlösungen und Kostenerfassung. Mangel von VK ausgehend.

b) Nennen Sie typische Mängel einer Ware, die Ihnen evtl. auch schon im Unternehmen begegnet sind.

Sachmangel, zu lange Lieferzeit

S. 79

c) Was für ein Mangel ist die falsch gelieferte Farbe?

Sachmangel, Abweichung von der vereinbarten Beschaffenheit

d) Begründen Sie, ob die Reklamation berechtigt ist.

Ja.

3. Der Abteilungsleiter Verkauf der Fairtext GmbH, Herr Raub, verdeutlicht Caroline die Wichtigkeit eines guten Reklamations- und Retourenmanagements.

a) Nennen Sie mindestens 6 Ziele eines Reklamationsmanagements.

- Positives Image
- Weiterempfehlung an andere KDen
- Stärkung der Marktposition

b) Herr Raub nennt Caroline die Prozessschritte für das Reklamationsmanagement bei der Fairtext GmbH. **Erläutern Sie unter den verschiedenen Prozessschritten, wie Sie die Reklamation von Frau Bachmann bearbeiten würden.** Gehen Sie dabei auch auf mögliche technische und/oder organisatorische Hilfsmittel ein.

Prozessschritt	Erläuterung
Reklamationserfassung	– Vieso/Das wird Reklamiert
Eingangsbestätigung	– KDen mitteilen
Reklamationsanalyse/ Ursachenidentifikation	– Genau analysieren
Sofortmaßnahme	– Anderen Lieferanten anschreiben – Auf Lager Ware → KD
Kundenkommunikation	– Telefonisch → KD sind zufrieden.
Erarbeitung/Integration von Wirtschaftlichen Langezeitlösungen	– Ware prüfen – Stichprobenartig prüfen
Kostenerfassung	– Überblick der Kosten verschaffen – Schadenersatz statt der Leistung → Hersteller zahlt $

4. Herr Raub sagt: „Wir sollten Retouren vermeiden, wann immer es möglich ist."

a) **Warum sagt Herr Raub das? Erläutern Sie, welche Nachteile Retouren haben.**

-Bei Retouren muss der KD die Ware zu den
Absender zurückschicken.

b) **Welche Chancen bieten sich aus einer kundenfreundlichen Retourenabwicklung?**

- KD empfiehlt weiter

- Vitamin B

VERTIEFUNGS- UND ANWENDUNGSAUFGABEN

1. Vervollständigen Sie den folgenden tabellarischen Überblick über die Unterschiede bei den gesetzlichen Gewährleistungsansprüchen der Käufer bei mangelhafter Lieferung.

	Zweiseitiges Handelsgeschäft	Verbrauchsgüterkauf
Nacherfüllung		
Gewährleistungs-frist		
Beweislast		

2. Caroline berichtet einem jungen Kollegen, Christian Eigler, von der Bearbeitung der Reklamationen der Kundin am heutigen Morgen. Christian antwortet daraufhin: „Ach, das ist immer so nervig. Kunden kaufen etwas und denken nicht darüber nach und dann sollen wir alles wieder abholen. Reklamationen sind einfach nur lästig und unnütz und das Schlimmste ist, dass es am Ende immer zu einem Streit mit dem Kunden kommt."

a) „Reklamationen sind lästig und unnütz." Beurteilen Sie die Aussage von Christian Eigler auf ihre Richtigkeit.

b) **Erläutern Sie ausführlich, welche Möglichkeiten Reklamationen der Fairtext GmbH bieten.**

c) „Das Schlimmste ist, dass es am Ende immer zu einem Streit mit dem Kunden kommt."
Caroline antwortet darauf, dass es bei ihr keineswegs immer zum Streit mit dem Kunden kommt, und Christian Eigler möchte wissen, wie Caroline vorgeht, um dies zu vermeiden.
Entwerfen Sie stichpunktartig Carolines Tipps, wie sie mit Reklamationen umgeht, um einen Streit zu vermeiden und die Reklamation möglichst zufriedenstellend zu bearbeiten.

Zur weiteren Vertiefung der Lerninhalte und Sicherung der Lernergebnisse empfehlen wir die Bearbeitung der Aufgaben in Kapitel 7 des Lernfeldes 10 (Reklamations- und Retourenmanagement) Ihres Lehrbuches „Groß im Handel, 2. Ausbildungsjahr".

6 Wir prüfen Rechnungen

HANDLUNGSSITUATION

Sebastian Holpert ist bei Frau Tegtmeyer im Rechnungswesen eingesetzt. Sie gibt ihm folgende Rechnung mit der Bitte, sich zunächst vollumfänglich über das Vorgehen bei der Prüfung von Rechnungen zu informieren und anschließend die Überprüfung der Rechnung in sachlicher und rechnerischer Hinsicht vorzunehmen. Für gewöhnlich wird die Prüfung der Rechnungen in sachlicher Hinsicht von der entsprechenden Person in der Einkaufsabteilung geprüft, aber dies ist bei der vorliegenden Rechnung offensichtlich vergessen worden.

PETER PÜHRT e. K. • Mode und mehr

PETER PÜHRT • Kohlerstraße 33 • 90480 Nürnberg
Fairtext GmbH
Frau Tegtmeyer
Walsroder Str. 6 a
30625 Hannover

Ihr Zeichen:	ja
Ihre Nachricht vom:	12.03.20..
Unser Zeichen:	MPÜ
Unsere Nachricht vom:	

Name:	Melanie Pührt
Telefon:	0911 336478-25
Telefax:	0911 336478-10
E-Mail:	melanie.puehrt@puehrt-wvd.de

Datum: 15.03.20..

Rechnung Nr. 211-..

Sehr geehrte Frau Besten,

vielen Dank für Ihre Bestellung. Wir freuen uns, dass Sie sich für unsere Ware entschieden haben, und erlauben uns, mit der Lieferung am heutigen Tag wie folgt abzurechnen.

Artikel	Artikelnr.	Größe	Stück	Listenpreis	Preis
Damenbluse Sybille, weiß	017-08-1237-01	36	15	21,00 €	315,00 €
Damenbluse Sybille, weiß	017-08-1237-01	38	15	21,00 €	315,00 €
Damenbluse Sybille, weiß	017-08-1237-01	40	25	21,00 €	525,00 €
Damenbluse Sybille, weiß	017-08-1237-01	42	25	21,00 €	525,00 €
Damenbluse Sybille, weiß	017-08-1237-01	44	20	21,00 €	525,00 €
Damenbluse Sybille, weiß	017-08-1237-01	46	15	21,00 €	315,00 €
		Netto Liste			2.520,00 €
		– Rabatt 10 %			252,00 €
		+ Transport			23,00 €
		Netto			2.291,00 €
		+ 19 % USt			435,29 €
		Brutto			**2.726,29 €**

Bitte zahlen Sie innerhalb von 10 Tagen nach Erhalt der Rechnung mit einem Skontoabzug von 2 % oder innerhalb von 30 Tagen ohne Abzug.

Mit freundlichen Grüßen

PETER PÜHRT e. K.

i. A. *Melanie Pührt*

Melanie Pührt

Informationen zum Lösen der folgenden Handlungsaufgaben finden Sie im Lehrbuch „Groß im Handel", 2. Ausbildungsjahr, im Kapitel 8 (Kontrolle von Eingangs- und Ausgangsrechnungen) des Lernfeldes 5.

HANDLUNGSAUFGABEN

1. Geben Sie an, wie Sebastian vorgehen muss, um den Auftrag von Frau Tegtmeyer zu bearbeiten.

_____

_____

_____

2. Geben Sie an, welche Dokumente für eine ordnungsgemäße Rechnungsprüfung benötigt werden.

_____

_____

3. Geben Sie die Prüfungsinhalte und -handlungen an, die Sebastian bei der sachlichen Prüfung der Pührt-Rechnung vornehmen muss.

Prüfungsinhalt	Prüfungshandlung

4. Geben Sie kurz an, wie ein Sachbearbeiter die erfolgreiche sachliche Prüfung einer Rechnung ohne Beanstandungen dokumentiert.

_____

_____

_____

5. Erläutern Sie kurz, warum es sinnvoll ist, dass der Sachbearbeiter die sachliche Prüfung wie in der Handlungsaufgabe zuvor dokumentiert.

_____

_____

_____

6. Sebastian hat sich die für die sachliche Rechnungsprüfung erforderlichen Belege besorgt.
Nehmen Sie die sachliche Belegprüfung für die Rechnung und die erforderlichen Eintragungen auf der Rechnung vor.
(Hinweis: Die Rechnung ist nach der letzten Handlungsaufgabe noch einmal zur Bearbeitung abgebildet.)

PETER PÜHRT e. K. • Mode und mehr

PETER PÜHRT • Kohlerstraße 33 • 90480 Nürnberg
Fairtext GmbH
Frau Besten
Walsroder Str. 6 a
30625 Hannover

Ihr Zeichen:	ja
Ihre Nachricht vom:	05.03.20..
Unser Zeichen:	MPÜ
Unsere Nachricht vom:	

Name: Melanie Pührt
Telefon: 0911 336478-25
Telefax: 0911 336478-10
E-Mail: melanie.puehrt@puehrt-wvd.de

Datum: 06.03.20..

Angebot 377

Sehr geehrte Frau Besten,

wir freuen uns über Ihre Anfrage. Gern unterbreiten wir Ihnen folgendes Angebot:

Artikel: Damenbluse Sybille, ¾ Arm, erstklassiger Tragekomfort, Teilungsnähte, hervorragende Passform, Gr. 34 – 52, Material: 49 % Polyester/49 % Baumwolle/ 2 %Elastolefin, ca. 125 g/qm Stretch, Farben: Weiß, Hellblau, Schwarz, Rosa
Artikel-Nr.: 017-08-1237-01
Listenpreis: 21,00 € (zzgl. 19 % USt = 24,99 €)

Der Preis gilt frei Haus. Die Transportkosten betragen 0,20 € je Stück. Wir freuen uns, Ihnen folgende Rabattstaffel anbieten zu können:

Bestellmenge	25	50	100	250
Rabatt	5 %	7 %	10 %	15 %

Wir können die Blusen innerhalb von 5 Arbeitstagen nach Bestellungseingang liefern. Bitte zahlen Sie innerhalb von 10 Tagen nach Erhalt der Rechnung mit einem Skontoabzug von 2 % oder innerhalb von 30 Tagen ohne Abzug.

Über einen Auftrag von Ihnen freuen wir uns.

Mit freundlichen Grüßen

PETER PÜHRT e. K.

i. A. *Melanie Pührt*

Melanie Pührt

fairtext GmbH

Textilgroßhandlung

Ihr Zeichen:	mpü
Ihre Nachricht vom:	06.03.20..
Unser Zeichen:	be
Unsere Nachricht vom:	05.03.20..

Name:	Petra Besten
Telefon:	0511 4155-42
Telefax:	0511 4155-11
E-Mail:	besten@fairtext-wvd.de

Datum:	12.03.20..

Fairtext GmbH · Walsroder Str. 6 a · 30625 Hannover

Peter Pührt e. K.
Frau Melanie Pührt
Kohlerstr. 33
90480 Nürnberg

Bestellung

Sehr geehrte Frau Pührt,

wir danken für Ihr Angebot. Wir bestellen

Damenblusen Sybille, Farbe Weiß, Artikel-Nr. 017-08-1237-01:

15 Stück Größe 36
15 Stück Größe 38
25 Stück Größe 40
25 Stück Größe 42
20 Stück Größe 44
15 Stück Größe 46

zum Stückpreis von 21,00 €, abzüglich 10 % Rabatt, und akzeptieren Ihre Lieferkonditionen aus Ihrem Angebot vom 6. März d. J.

Wir hoffen auf baldige Lieferung.

Mit freundlichen Grüßen

Hoffmann KG

i. V. *Petra Besten*
Petra Besten

Ergebnis Ihrer sachlichen Prüfung:

_____

7. Geben Sie die Prüfungsinhalte und -handlungen an, die ein Bearbeiter bei der rechnerischen Prüfung einer Rechnung vornehmen muss.

_____

_____

_____

_____

_____

_____

8. Geben Sie kurz an, wie der Sachbearbeiter die erfolgreiche rechnerische Prüfung einer Rechnung ohne Beanstandungen dokumentiert.

_____

_____

_____

9. Nehmen Sie die rechnerische Belegprüfung für die vorliegende Rechnung und die erforderlichen Eintragungen auf der Rechnung vor. Erforderliche Informationen aus dem Angebot entnehmen Sie den Auszügen in Handlungsaufgabe 6. Geben Sie die Rechnungen, die Sie bei der Überprüfung vornehmen, in dem Lösungsfeld an.

PETER PÜHRT e. K. • Mode und mehr

PETER PÜHRT • Kohlerstraße 33 • 90480 Nürnberg

Fairtext GmbH
Frau Tegtmeyer
Walsroder Str. 6 a
30625 Hannover

Ihr Zeichen:	ja
Ihre Nachricht vom:	12.03.20..
Unser Zeichen:	MPÜ
Unsere Nachricht vom:	

Name:	Melanie Pührt
Telefon:	0911 336478-25
Telefax:	0911 336478-10
E-Mail:	melanie.puehrt@puehrt-wvd.de

Datum: 15.03.20..

Rechnung Nr. 211-..

Sehr geehrte Frau Besten,

vielen Dank für Ihre Bestellung. Wir freuen uns, dass Sie sich für unsere Ware entschieden haben, und erlauben uns, mit der Lieferung am heutigen Tag wie folgt abzurechnen.

Artikel	Artikelnr.	Größe	Stück	Listenpreis	Preis
Damenbluse Sybille, weiß	017-08-1237-01	36	15	21,00 €	315,00 €
Damenbluse Sybille, weiß	017-08-1237-01	38	15	21,00 €	315,00 €
Damenbluse Sybille, weiß	017-08-1237-01	40	25	21,00 €	525,00 €
Damenbluse Sybille, weiß	017-08-1237-01	42	25	21,00 €	525,00 €
Damenbluse Sybille, weiß	017-08-1237-01	44	20	21,00 €	525,00 €
Damenbluse Sybille, weiß	017-08-1237-01	46	15	21,00 €	315,00 €
		Netto Liste			2.520,00 €
		– Rabatt 10 %			252,00 €
		+ Transport			23,00 €
		Netto			2.291,00 €
		+ 19 % USt			435,29 €
		Brutto			**2.726,29 €**

Bitte zahlen Sie innerhalb von 10 Tagen nach Erhalt der Rechnung mit einem Skontoabzug von 2 % oder innerhalb von 30 Tagen ohne Abzug.

Mit freundlichen Grüßen

PETER PÜHRT e. K.

i. A. _Melanie Pührt_

Melanie Pührt

	ja	nein	Datum:
Rechnungsnr.:			Unterschrift:
Sachlich richtig:			
Rechnerisch richtig			
Bemerkung			

10. Geben Sie an, wie mit dem Beleg nun weiter verfahren werden soll.

VERTIEFUNGS- UND ANWENDUNGSAUFGABEN

Zur weiteren Vertiefung der Lerninhalte und Sicherung der Lernergebnisse empfehlen wir das Bearbeiten der Aufgaben und Aktionen des Kapitels 8 in Lernfeld 5 Ihres Lehrbuchs „Groß im Handel", 2. Ausbildungsjahr.

7 Wir bieten Kunden die Möglichkeit der bargeldlosen Zahlung an

HANDLUNGSSITUATION

Frau Petra Ensinger möchte ein Fachgeschäft für Damenmode eröffnen und hat bei der Fairtext GmbH vor einer Woche 25 Exemplare der Damenbluse „Cassandra" bestellt. Die Blusen mit der Artikelnummer 402100235164 sollen an Frau Ensingers Geschäftsadresse in der Limmerstraße 12, 30451 Hannover geliefert werden und haben einen Nettoeinzelpreis von 20,00 €. Die Fairtext GmbH hat die Blusen direkt beim Hersteller, der Wollfein GmbH, für 12,00 € pro Stück gekauft.

Der Kundendienst der Fairtext GmbH hat die Blusen auftragsgemäß an Frau Petra Ensinger ausgeliefert. Als Caroline König aus der Mittagspause zurückkommt, hat Frau Ensinger ihr auf den Anrufbeantworter gesprochen. Sie möchte wissen, wie sie die Rechnung bezahlen kann, und bittet diesbezüglich um Rückruf. Caroline überlegt, welche Zahlungsarten sie Frau Ensinger anbieten kann, und bereitet sich auf das Telefonat vor.

Außerdem hat Caroline den Auftrag bekommen, für die folgenden zwei Rechnungen die Zahlung vorzubereiten. Ihr Vorgesetzter, Herr Neitzerr, erwartet begründete Lösungsvorschläge und vorbereitete Zahlungsdokumente.

Beleg 1:

S-Power-AG

Steuernummer: 38/122/12789
USt-IdNr.: DE782813972

S-Power AG · Opernplatz 8 · 30159 Hannover
Fairtext GmbH
Walsroder Str. 6 a
30625 Hannover

Deutsche Bank AG
Kontonummer: 1 000 115
BLZ: 700 700 10
IBAN: DE14 7007 0010 0001 0001 15
BIC: DEUTDEMMXXX

Bearbeiter: Peter Greiss
Telefon: 0800 11 444 88
E-Mail: P.Greiss@s-power-wvd.de

Datum: 12.03.20..

Stromtarif Power Vario
Ihre Kundennummer: 11587461

Sehr geehrte Damen und Herren,

wir gratulieren Ihnen zu Ihrem neuen Stromtarif **Power Vario**. Im Rahmen dieses Tarifes ermitteln wir monatlich neu den optimalen und günstigsten Preis für Ihren Stromverbrauch.

Dementsprechend fallen monatliche Kosten in ungleichmäßiger Höhe an. Bitte überweisen Sie die angefallenen Kosten jeweils pünktlich zum dritten Werktag des Folgemonats oder übersenden Sie uns eine widerrufbare Einzugsermächtigung (siehe unten). Wir buchen die Beträge zuverlässig zu den Ihnen mitgeteilten Zeitpunkten ab, frühstens jedoch zwei Wochen nach Eingang der Zahlungsaufforderung.

Vielen Dank für Ihr Vertrauen

Mit freundlichen Grüßen

Peter Greiss

S-Power AG, Opernplatz 8, 30159 Hannover

Gläubiger-Identifikations-Nr. DE99ZZZ05678901234
Mandatsreferenz 987 543 CB2

SEPA-Lastschriftmandat

Ich ermächtige die S-Power AG, Zahlungen von meinem Konto mittels Lastschrift einzuziehen. Zugleich weise ich mein Kreditinstitut an, die von der S-Power AG auf mein Konto gezogenen Lastschriften einzulösen.

Hinweis: Ich kann innerhalb von acht Wochen, beginnend mit dem Belastungsdatum, die Erstattung des belasteten Betrages verlangen. Es gelten dabei die mit meinem Kreditinstitut vereinbarten Bedingungen.

_____
Vorname und Name (Kontoinhaber)
_____
Straße und Hausnummer
_____
Postleitzahl und Ort
_____ _ _ _ _ _ _ _ | _ _ _
Kreditinstitut (Name und BIC)

DE _ _ | _ _ _ _ | _ _ _ _ | _ _ _ _ | _ _ _ _ | _ _
IBAN
_____
Datum, Ort und Unterschrift

Beleg 2:

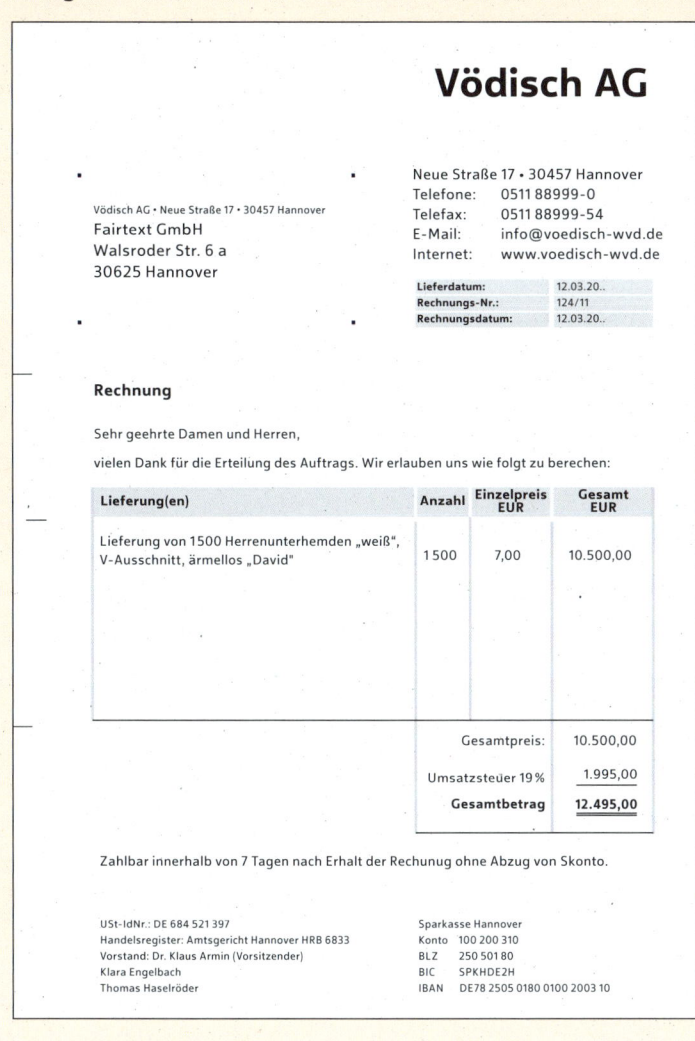

Informationen zum Lösen der folgenden Handlungsaufgaben finden Sie im Lehrbuch „Groß im Handel, 2. Ausbildungsjahr" in Kapitel 10 (Bargeldlose Zahlung) des Lernfeldes 5.

HANDLUNGSAUFGABEN

1. Sammeln Sie die Zahlungsmöglichkeiten, die Caroline Frau Ensinger zur Bezahlung der Blusen anbieten kann.

2. Überlegen Sie, welche der Ihnen bereits bekannten und in Aufgabe 1 genannten Zahlungsarten im vorliegenden Fall als unpraktikabel erscheinen.

_____

_____

_____

_____

_____

3. Erarbeiten Sie sich mithilfe des Lehrbuches die Vorgehensweise bei einer SEPA-Überweisung und vervollständigen Sie das folgende Schaubild.

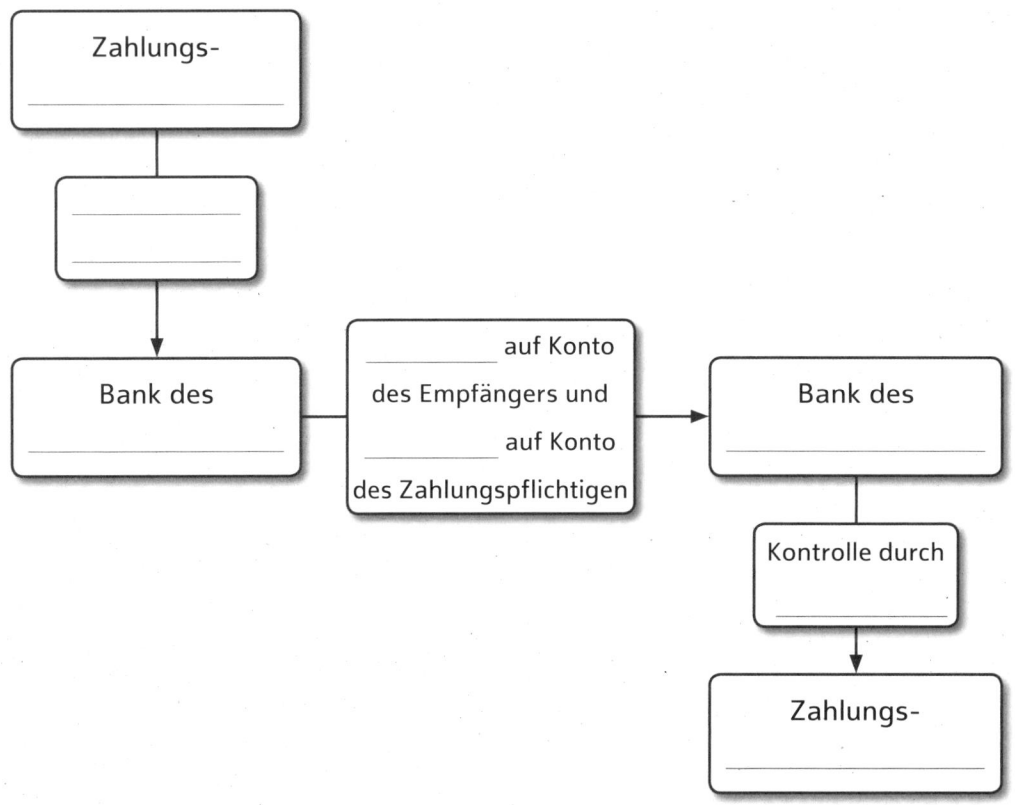

4. Überlegen Sie sich die Vor- und Nachteile der Überweisung gegenüber der Barzahlung und der Zahlung per Zahlschein und entscheiden Sie sich begründet für eine dieser drei Zahlungsarten.

_____

_____

_____

_____

5. Erarbeiten Sie sich mithilfe des Lehrbuches die Vorgehensweise bei einer SEPA-Lastschrift und vervollständigen Sie das folgende Schaubild.

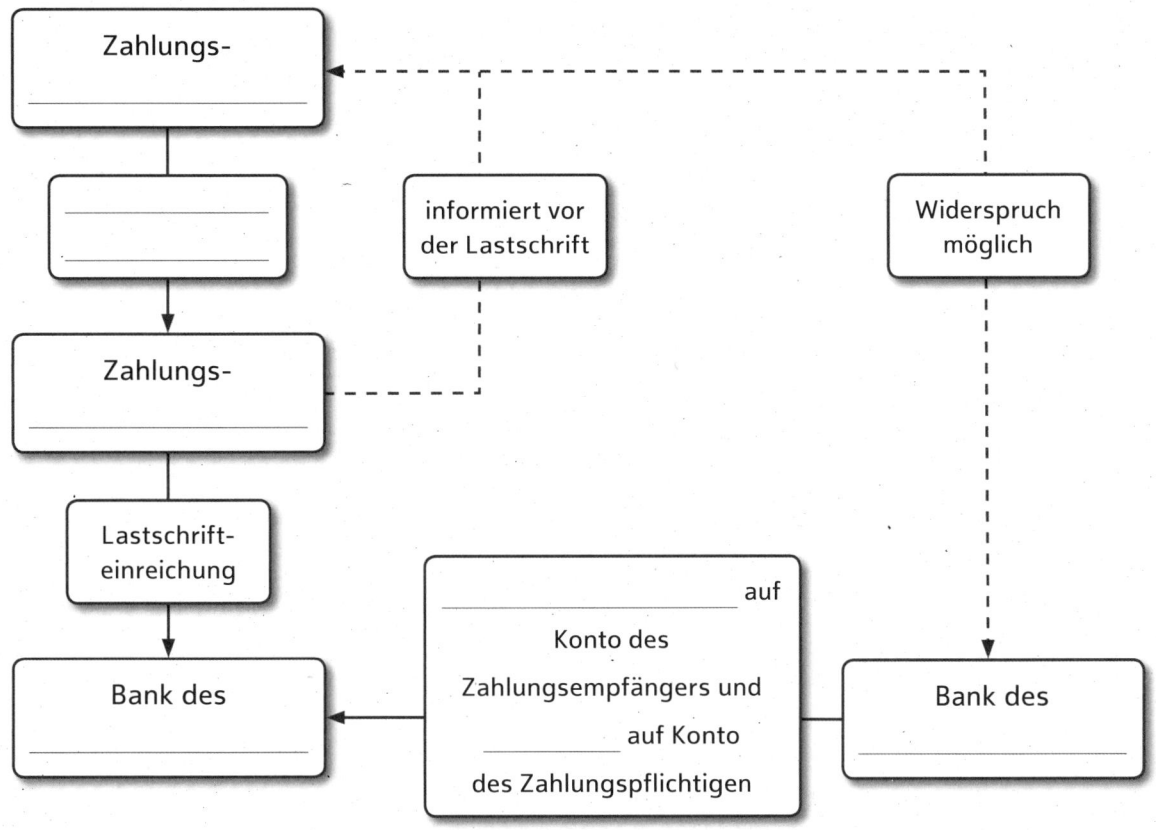

6. Überlegen Sie sich die Vor- und Nachteile der SEPA-Lastschrift gegenüber der SEPA-Überweisung.

_____

_____

_____

_____

_____

_____

_____

7. Machen Sie sich Notizen für das Telefonat mit Frau Ensinger und bereiten Sie sich darauf vor, den Anruf durchzuführen.

_____

_____

_____

8. Entscheiden Sie begründet, welche Zahlungsarten die Fairtext GmbH für die oben angeführten Rechnungen wählen sollte, und bereiten Sie die Zahlungen mithilfe der folgenden Belege vor.

€uro-Überweisung (SEPA)

Für Überweisungen in Deutschland, in andere EU-/EWR-Staaten und in die Schweiz in Euro.

Kontoinhaber trägt Entgelte bei seinem Kreditinstitut; Zahlungsempfänger trägt die übrigen Entgelte.

Angaben zum Zahlungsempfänger: Name, Vorname/Firma (max. 27 Stellen, bei maschineller Beschriftung max. 35 Stellen)

IBAN

BIC des Kreditinstituts/Zahlungsdienstleisters (8 oder 11 Stellen)

SEPA-Überweisung €

Betrag: Euro, Cent

Kunden-Referenznummer - Verwendungszweck, ggf. Name und Anschrift des Zahlers - (nur für Zahlungsempfänger)

noch Verwendungszweck (insgesamt max. 2 Zeilen á 27 Stellen, bei maschineller Besohriftung max. 2 Zeilen á 35 Stellen)

Angaben zum Kontoinhaber: Name, Vorname/Firma, Ort (max. 27 Stellen, keine Straßen- oder Postfachangaben)

IBAN
D E

16

SEPA-Überweisung €uro

Datum

Unterschrift(en)

IW/2013-3325452

S-Power AG, Opernplatz 8, 30159 Hannover

Gläubiger-Identifikations-Nr. DE99ZZZ05678901234
Mandatsreferenz 987 543 CB2

SEPA-Lastschriftmandat

Ich ermächtige die S-Power AG, Zahlungen von meinem Konto mittels Lastschrift einzuziehen. Zugleich weise ich mein Kreditinstitut an, die von der S-Power AG auf mein Konto gezogenen Lastschriften einzulösen.

Hinweis: Ich kann innerhalb von acht Wochen, beginnend mit dem Belastungsdatum, die Erstattung des belasteten Betrages verlangen. Es gelten dabei die mit meinem Kreditinstitut vereinbarten Bedingungen.

_____
Vorname und Name (Kontoinhaber)

_____
Straße und Hausnummer

_____
Postleitzahl und Ort

_ _ _ _ _ _ _ _ | _ _ _
Kreditinstitut (Name und BIC)

_ _ | _ _ _ _ | _ _ _ _ | _ _ _ _ | _ _ _ _ | _ _
IBAN

_____
Datum, Ort und Unterschrift

VERTIEFUNGS- UND ANWENDUNGSAUFGABEN

1. Erarbeiten Sie sich mithilfe des Lehrbuches die Vorgehensweise bei einem Dauerauftrag und vervollständigen Sie das folgende Schaubild.

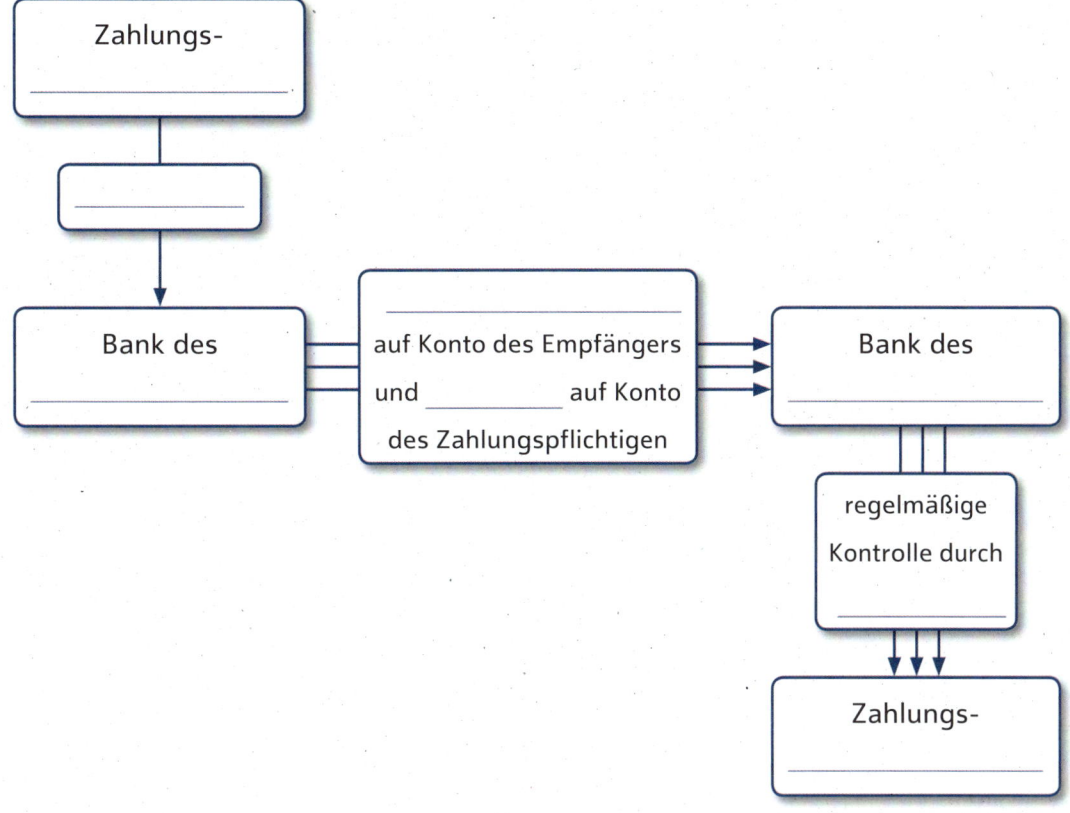

2. Geben Sie beispielhaft Zahlungen an, für die sich die Einrichtung eines Dauerauftrags anbietet.

_____

_____

_____

_____

_____

Zur weiteren Vertiefung der Lerninhalte und Sicherung der Lernergebnisse empfehlen wir die Aufgaben und Aktionen in Kapitel 10 des Lernfeldes 5 Ihres Lehrbuches „Groß im Handel, 2. Ausbildungsjahr".

8 Wir wickeln Zahlungen mit der Girocard ab

HANDLUNGSSITUATION

Mete Öczan ist zurzeit in der Verwaltungsabteilung der Fairtext GmbH eingesetzt. Frau Zadam, die Sachbearbeiterin, welcher Mete zugeordnet wurde, bittet ihn um einen Gefallen.

Frau Zadam:	„Mete, wie Sie wissen, bin ich ja auch dafür zuständig, dass unsere Arbeitsmaterialien vorhanden sind."
Mete Öczan:	„Ja, ich weiß. Sie meinen unser kleines Vorratslager mit sämtlichen Papierarten, Umschlägen und anderen Büromaterialien."
Frau Zadam:	„Genau, das meine ich. Und da sind wir auch schon bei meinem Problem. Ich habe da leider nicht gut aufgepasst und daher ist uns das Druckerpapier ausgegangen. Ich habe schon neues Papier geordert, aber die Lieferung wird noch einige Tage dauern. Könnten Sie vielleicht im Anschluss an Ihre Mittagspause einfach mal bei einem Schreibwarenhandel 20 Pakete Papier besorgen, damit wir die nächsten Tage arbeiten können?"
Mete Öczan:	„Na klar, kein Problem. Ich bin mit dem Auto da und wollte ohnehin ein paar Besorgungen machen."
Frau Zadam:	„Ein paar Besorgungen machen, das hört sich ja an, als ob Sie auch in einem normalen Supermarkt sind."
Mete Öczan:	„Ja, das bin ich, wieso?"
Frau Zadam:	„Ach, dann könnten Sie vielleicht auch noch den Kaffeevorrat für unsere Personalküche auffüllen, indem Sie einfach zwei Pfund mitbringen, ja?"

Mete Öczan:	„Natürlich kann ich das machen. Soll ich das erst mal selber zahlen?"
Frau Zadam:	„Ach, vielen Dank. Nein, Sie sollen das natürlich nicht selber bezahlen. Moment ..."

Frau Zadam öffnet die Schublade, in der sie die Abteilungskasse aufbewahrt.

	„Ich gebe Ihnen Geld mit. ... Ach je ... die Abteilungskasse ist fast leer. Ich gebe Ihnen die Girocard der Abteilung mit. Bitte bringen Sie unbedingt die Belege mit, da wir jeden Umsatz auf der Karte genau nachvollziehen müssen. Die PIN ist meine Zimmernummer hier, die kennen Sie ja."
Mete Öczan:	„Alles klar, vielen Dank. Bis nachher."

Im Schreibwarenhandel kauft Mete zunächst das Papier ein. Er zahlt 79,80 €, indem er die Girocard in das Kartenlesegerät steckt und die PIN eingibt. Anschließend geht er in den Supermarkt, um die zwei Pfund Kaffee zu besorgen. Auch den fälligen Kaufpreis in Höhe von 8,98 € will er mit der Girocard bezahlen. Der Verkäufer gibt ihm einen Beleg, zeigt auf den Kaufpreis, dreht den Beleg um und bittet um eine Unterschrift. ...

Informationen zum Lösen der folgenden Handlungsaufgaben finden Sie im Lehrbuch „Groß im Handel", 2. Ausbildungsjahr, in den Kapiteln 10 (Bargeldlose Zahlung) und 11 (Kartenzahlung) des Lernfeldes 5.

HANDLUNGSAUFGABEN

1. Welches Problem ergibt sich für Mete bei der Bezahlung des Kaffees?

_____

_____

_____

_____

2. Überlegen Sie sich mithilfe der Informationen aus dem Lehrbuch sowie Ihrer eigenen Erfahrungen, welche Vor- und Nachteile sich bei der Zahlung mit der Girocard für den Empfänger und den Zahlenden ergeben können.

Girocard	Empfänger	Zahlender
Vorteile		
Nachteile		
Fazit		

3. Geben Sie an, wie die Sicherung im Zahlungsverkehr mit Girocards gewährleistet wird.

_____

_____

_____

4. Geben Sie an, was man unter dem Lastschriftverfahren bei der Zahlung mit der Girocard versteht und wie es funktioniert.

_____

_____

_____

5. Erläutern Sie die Vorteile der Verwendung des Lastschriftverfahrens mit der Girocard gegenüber Electronic Cash.

_____

_____

_____

6. Geben Sie an, welche Zahlungsarten Mete in den Geschäften bei Vorlage der Girocard angeboten wurden.

_____

_____

7. Stellen Sie kurze schriftliche Überlegungen an, wie die Ausgangssituation weitergehen wird. Geben Sie auch an, was Sie Mete raten würden.

_____

_____

_____

VERTIEFUNGS- UND ANWENDUNGSAUFGABEN

Überlegen Sie sich mithilfe der Informationen aus dem Lehrbuch (Lernfeld 5, Kapitel 10 und 11) sowie Ihrem vorhandenen Praxiswissen, welche Vor- und Nachteile sich bei der Zahlung im Rahmen des SEPA-Lastschriftverfahrens für den Empfänger und den Zahlenden ergeben können.

Lastschrift	Empfänger	Zahlender
Vorteile		
Nachteile		
Fazit		

Zur weiteren Vertiefung der Lerninhalte und Sicherung der Lernergebnisse empfehlen wir das Bearbeiten der Aufgaben und Aktionen der Kapitel 10 und 11 Ihres Lehrbuchs „Groß im Handel", 2. Ausbildungsjahr.

9 Wir wickeln Zahlungen mit Kreditkarten ab

HANDLUNGSSITUATION

Caroline König möchte mit ihrem Freund, Axel Reise-witz, in Urlaub fahren. Sie weiß, dass sie eine Reise am besten außerhalb der Ferienzeit buchen muss, denn da sind die Preise besser. Im Internet findet Caroline ein tolles Angebot: 7 Tage Mallorca, 4-Sterne-Halb-pension, direkt am Strand für nur 599,00 € pro Person.

Sie informiert ihren Freund und will sofort buchen. Alles geht so lange gut, bis sie zu der Zahlung kommt. Sie wird aufgefordert, eine der folgenden Zahlungs-arten zu wählen:

– Überweisung,
– SEPA-Lastschrift,
– Kreditkarte.

Caroline überlegt, wie sie bezahlen soll. Auf ihrem Konto, von dem sie nur 500,00 € pro Tag abbuchen kann, sind zurzeit nur 400,00 €. Ihr Freund hat ihr „für alle Fälle" seine Kreditkarte gegeben. Eine Kreditkarte, insbesondere die Kreditkarte einer anderen Person, hat

sie noch nie benutzt und ist daher unsicher, auch wenn ihr Freund es ihr erlaubt hat.

Informationen zum Lösen der folgenden Handlungsaufgaben finden Sie im Lehrbuch „Groß im Handel", 2. Aus-bildungsjahr, im Kapitel 11 (Kartenzahlung).

HANDLUNGSAUFGABEN

1. Welches Problem muss Caroline lösen?

_____

_____

2. Vervollständigen Sie den folgenden Überblick über den Ablauf der Zahlung mit der Kreditkarte bei einem Einkauf, wenn ein Kartenlesegerät vorhanden ist.

Schritt	Erläuterung	Zahlender (Z)	Zahlungs-empfänger (E)	Kreditkarten-unternehmen (K)
1		● ⟶	●	
2			● ⟶	●

Schritt	Erläuterung	Zahlender (Z)	Zahlungs-empfänger (E)	Kreditkarten-unternehmen (K)
3		● ←———————— ●		
4		● ————————→ ●		
5			● ————————→ ●	
6			● ←———————— ●	
7		● ←———————————————————— ●		
8		● ←———————————————————— ●		

3. Beschreiben Sie mit eigenen Worten, wie die Kreditkartenzahlung im Internet abläuft.

4. Geben Sie kurz an, warum Unternehmen Kreditkarten anbieten.

5. Geben Sie kurz an, warum Unternehmen die Zahlung mit Kreditkarten anbieten.

6. Nennen Sie einige Unternehmen, bei denen Sie bereits mit Kreditkarte gezahlt haben oder von denen Sie wissen, dass Kreditkartenzahlung akzeptiert wird.

7. Erarbeiten Sie die Vorteile der Zahlung mit der Kreditkarte für den Zahlenden.

8. Geben Sie begründet an, wie Caroline die Zahlung der Urlaubsreise vornehmen sollte. Gehen Sie dabei auf alle möglichen Zahlungsarten ein und begründen Sie auch, warum einzelne Zahlungsarten ausscheiden.

9. Überlegen Sie sich auf der Grundlage Ihrer Lösung zu Handlungsaufgabe 8 Probleme und Risiken, die die Zahlung mit der Kreditkarte im Internet mit sich bringt.

VERTIEFUNGS- UND ANWENDUNGSAUFGABEN

Zur weiteren Vertiefung der Lerninhalte und Sicherung der Lernergebnisse empfehlen wir das Bearbeiten der Aufgaben und Aktionen des Kapitels 11 Ihres Lehrbuchs „Groß im Handel", 2. Ausbildungsjahr.

10 Wir überwachen den Zahlungseingang zur Sicherung unserer Liquidität

HANDLUNGSSITUATION

Caroline König ist bei Frau Staudt im Rechnungswesen der Fairtext GmbH eingesetzt. Frau Staudt ist dafür bekannt, dass sie von ihren Mitarbeitern viel fordert. Am ersten Tag wird Caroline zu einem Gespräch gebeten.

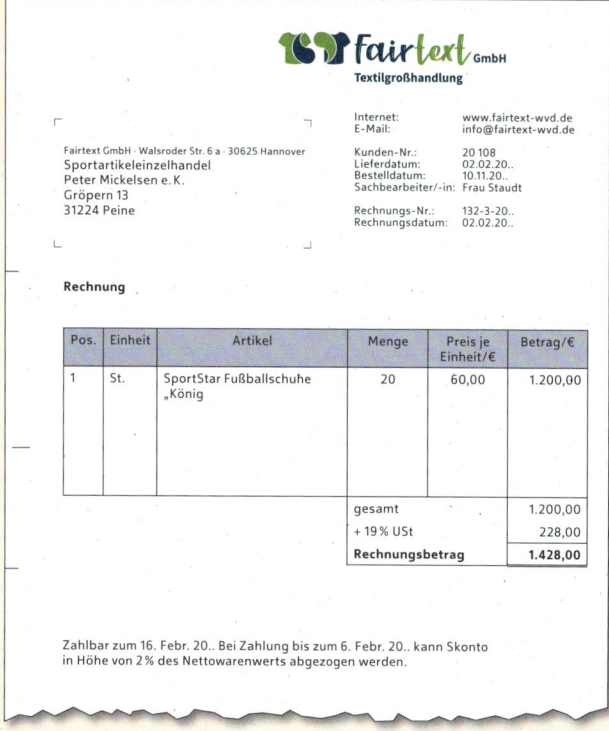

Frau Staudt: *„Ah, Frau König, guten Tag, schön, dass Sie da sind."*

Caroline: *„Guten Tag, Frau Staudt."*

Frau Staudt: *„Frau König, herzlich willkommen im Rechnungswesen der Fairtext GmbH. Sie arbeiten nun in einem wichtigen Teil dieses Unternehmens, denn hier wird der Erfolg gesichert."*

Caroline: *„Oh, da bin ich sehr gespannt. Ich kann mir leider noch nicht so viel unter der alltäglichen Arbeit im Rechnungswesen vorstellen."*

Frau Staudt: *„Ach, kein Problem, das geht sehr schnell. Daher komme ich auch gleich zur Sache. Die Auszubildenden bekommen bei mir immer einen besonderen Bereich zugewiesen, in dem sie mir direkt zuarbeiten. Sie werden in der nächsten Zeit also unsere O-Pos-Liste verwalten, prüfen, ob unsere Kunden in Verzug geraten sind, und Maßnahmen vorbereiten, damit wir an unser Geld kommen."*

Caroline: *„Was ist denn die O-Pos-Liste?"*

Frau Staudt: *„Kurz gesagt: Die O-Pos-Liste ist unsere Liste mit den offenen Positionen, also den Forderungen, die wir noch gegenüber unseren Kunden haben, aber das kennen Sie ja aus dem Schulunterricht ... ."*

Caroline: *„Ja, Forderungen kenne ich aus dem Rechnungswesenunterricht. Was soll ich denn mit den offenen Forderungen tun?"*

Frau Staudt: *„Sie werden sich innerhalb kürzester Zeit in unser Forderungsmanagement einarbeiten und dafür sorgen, dass die Kunden ihre ausstehenden Beträge bei uns begleichen. Dazu habe ich Ihnen einen dringenden Fall mitgebracht. Die Zahlung von Herrn Peter Mickelsen, einem Sportartikeleinzelhändler in Peine, für die bei uns gekauften Fußballschuhe des Models ‚König' der Marke SportStar in Höhe von brutto 1.428,00 € war am 16. Februar fällig. Das war bereits vor sieben Tagen. Da müssen wir etwas machen."*

Caroline: *„Sollten wir da nicht eine Mahnung schreiben?"*

Frau Staudt: *„Ich sehe, Sie begreifen schnell. Informieren Sie sich bitte zunächst über das Forderungsmanagement und die Möglichkeiten unseres Mahnverfahrens. Schauen Sie, ob Peter Mickelsen in Verzug ist und ob wir ihn mahnen können. Veranlassen Sie alles, um dies zu tun."*

Caroline: *„Ich werde sehen, was sich machen lässt, Frau Staudt."*

Frau Staudt: *„Frau König, ich kenne diesen Peter Mickelsen. Es kommt häufiger vor, dass er verspätet zahlt. Bitte prüfen Sie daher sämtliche Rechte, die uns in diesem Fall zustehen. Verfassen Sie die Zahlungserinnerung an Peter Mickelsen. Da er in der Vergangenheit die Verzugszinsen nicht gezahlt hat, möchte ich, dass zukünftig eine genaue Aufstellung der Verzugszinsen in allen Zahlungserinnerungen und Mahnschreiben von uns enthalten ist."*

Caroline: *„Das werde ich tun."*

Informationen zum Lösen der folgenden Handlungsaufgaben finden Sie im Lehrbuch „Groß im Handel, 2. Ausbildungsjahr" in Kapitel 13 (Überwachung des Zahlungseingangs) und 14 (Außergerichtliches Mahnverfahren) des Lernfeldes 5.

HANDLUNGSAUFGABEN

1. Geben Sie an, welche Aufgaben Caroline König zu erledigen hat.

2. Caroline beschließt, dass sie zunächst einmal verstehen möchte, was dieses Forderungsmanagement überhaupt ist.
Arbeiten Sie mithilfe Ihres Lehrbuches heraus,

a) **welche Folgen verspätete Zahlungseingänge aufgrund eines mangelhaften oder fehlenden Forderungsmanagements für den Großhändler haben können.**

b) **welche Gründe die Kunden für einen Schuldnerverzug haben können.**

c) **an welchen Grundsätzen sich ein erfolgreiches Forderungsmanagement orientieren könnte.**

_____

_____

_____

_____

_____

_____

3. Der § 286 BGB bestimmt, wann ein Schuldner in Zahlungsverzug gerät. **Arbeiten Sie aus dem Gesetzesauszug die drei grundlegenden Voraussetzungen für den Schuldnerverzug heraus.**

§ 286 BGB Verzug des Schuldners

(1) Leistet der Schuldner auf eine Mahnung des Gläubigers nicht, die nach dem Eintritt der Fälligkeit erfolgt, so kommt er durch die Mahnung in Verzug. Der Mahnung stehen die Erhebung der Klage auf die Leistung sowie die Zustellung eines Mahnbescheids im Mahnverfahren gleich.

	Voraussetzung lt. Gesetzestext	Erläuterung der Voraussetzung
1		
2		
3		
4	Verschulden	Der Schuldner muss den Umstand der versäumten Zahlung selbst verschulden. Dies wird bei Geldschulden stets angenommen.

4. In bestimmten Fällen kann eine Mahnung des Schuldners unterbleiben und der Verzug tritt trotzdem ein. Diese Ausnahmefälle sind in § 286 (2) und (3) BGB geregelt. **Arbeiten Sie diese Ausnahmetatbestände aus dem Gesetz heraus und vervollständigen Sie den folgenden tabellarischen Überblick unter Nennung eines Beispiels.**

(2) Der Mahnung bedarf es nicht, wenn
1. für die Leistung eine Zeit nach dem Kalender bestimmt ist,
2. der Leistung ein Ereignis vorauszugehen hat und eine angemessene Zeit für die Leistung in der Weise bestimmt ist, dass sie sich von dem Ereignis an nach dem Kalender berechnen lässt,
3. der Schuldner die Leistung ernsthaft und endgültig verweigert,
4. aus besonderen Gründen unter Abwägung der beiderseitigen Interessen der sofortige Eintritt des Verzugs gerechtfertigt ist.

(3) Der Schuldner einer Entgeltforderung kommt spätestens in Verzug, wenn er nicht innerhalb von 30 Tagen nach Fälligkeit und Zugang einer Rechnung oder gleichwertigen Zahlungsaufstellung leistet; dies gilt gegenüber einem Schuldner, der Verbraucher ist, nur, wenn auf diese Folgen in der Rechnung oder Zahlungsaufstellung besonders hingewiesen worden ist. Wenn der Zeitpunkt des Zugangs der Rechnung oder Zahlungsaufstellung unsicher ist, kommt der Schuldner, der nicht Verbraucher ist, spätestens 30 Tage nach Fälligkeit und Empfang der Gegenleistung in Verzug.

	Ausnahmetatbestand	Gesetzesstelle
1	Beispiel:	§ 286 (2) Nr. 1 BGB
2	Beispiel:	§ 286 (2) Nr. 2 BGB
3	Beispiel:	§ 286 (2) Nr. 3 BGB
4	Beispiel:	§ 286 (2) Nr. 4 BGB
5	Beispiel:	§ 286 (3) BGB

5. Überprüfen Sie, ob der Einzelhändler Peter Mickelsen aufgrund seiner offenen Rechnung über die 20 Paar Fußballschuhe von SportStar in Verzug geraten ist und somit gemahnt werden kann. Prüfen Sie alle Voraussetzungen, die im Sachverhalt infrage kommen.

Zu prüfende Voraussetzung	Wie ist die Situation im Sachverhalt?	Voraussetzung erfüllt?

Ergebnis:

6. Finden Sie mithilfe Ihres Lehrbuches heraus, welche vorrangigen Rechte die Fairtext GmbH gegenüber Peter Mickelsen im vorliegenden Sachverhalt geltend machen kann.

Vorrangige Rechte bei Zahlungsverzug	
1	
2	

7. Die Fairtext GmbH kann von Peter Mickelsen u. a. Schadensersatz neben der Leistung verlangen. **Geben Sie genau an, welche Bestandteile diese Schadensersatzzahlung im vorliegenden Fall hätte.**

8. Vervollständigen Sie den Überblick über die Bestandteile des Schadensersatzes neben der Leistung.

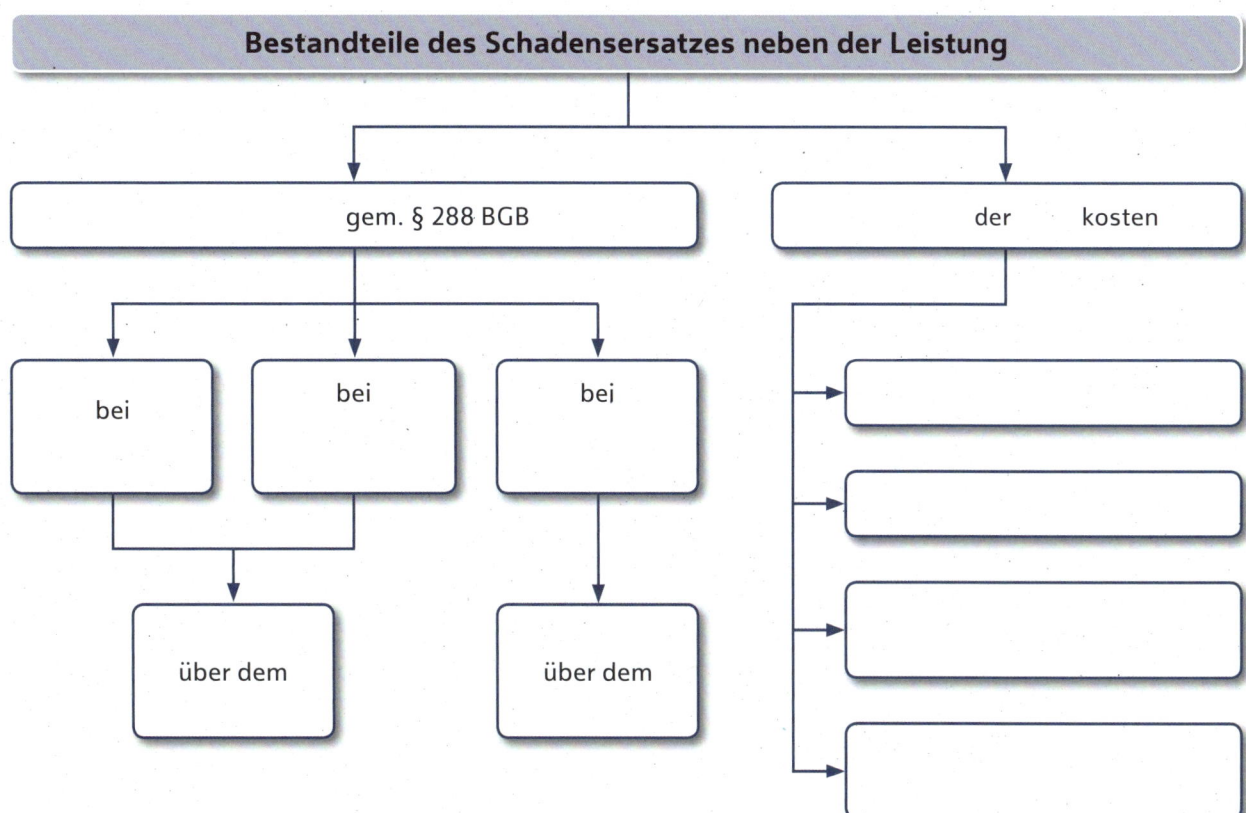

Bestandteile des Schadensersatzes neben der Leistung

gem. § 288 BGB

der   kosten

bei   bei   bei

über dem   über dem

9. Wenn sich abzeichnet, dass die Fairtext GmbH den Kaufpreis für die Fußballschuhe nicht von Peter Mickelsen erhalten wird, ergeben sich für sie weitere, nachrangige Rechte aus einem Schuldnerverzug von Peter Mickelsen. **Vervollständigen Sie mithilfe Ihres Lehrbuches den folgenden Überblick über die nachrangigen Rechte, die sich ergeben würden.**

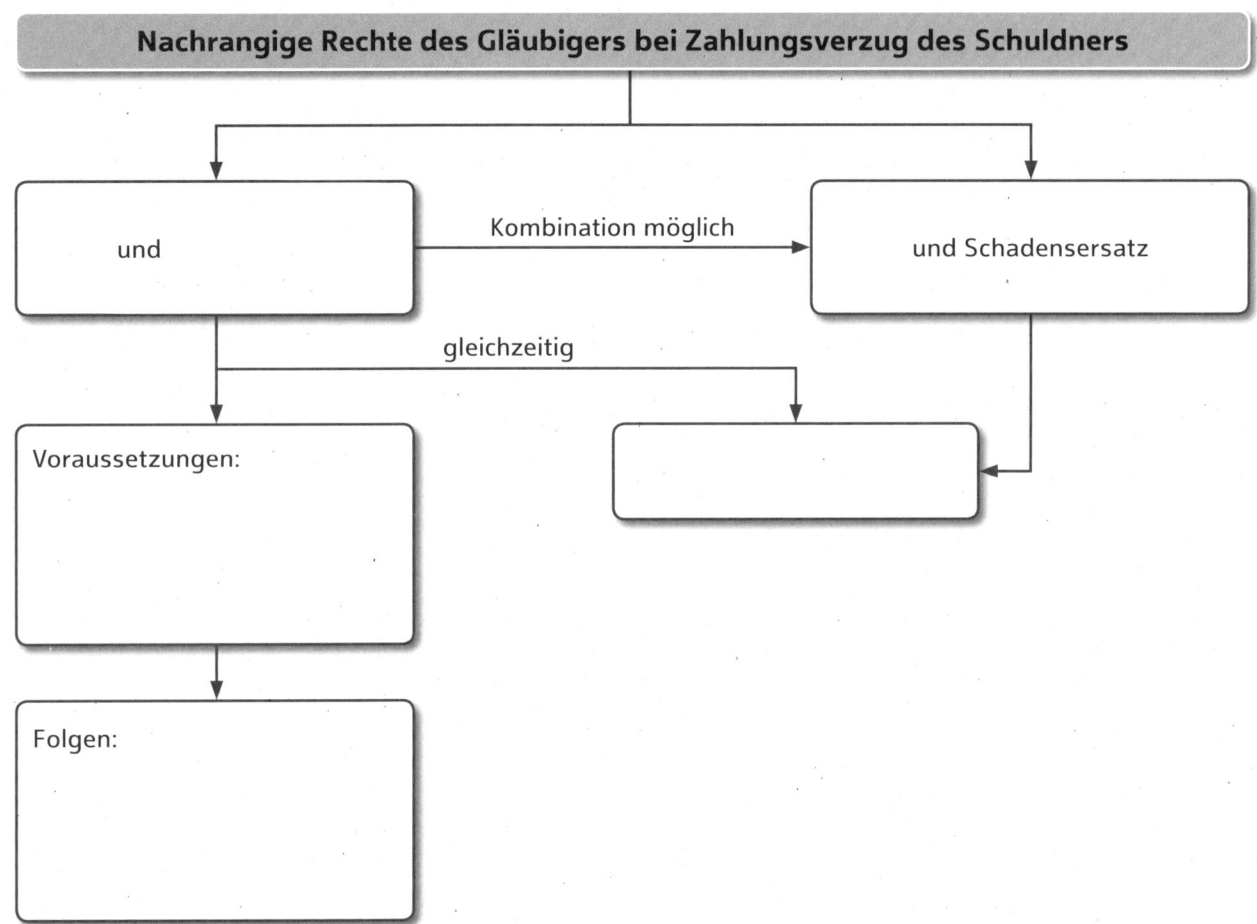

10. Die Zahlungserinnerung an Herrn Mickelsen soll verfasst werden. **Da ab jetzt eine genaue Berechnung der Verzugszinsen in den Zahlungserinnerungen und Mahnungen der Fairtext GmbH aufgeführt werden soll, müssen Sie die Verzugszinsen bis zum heutigen Tag errechnen.**

$$= \frac{\quad \cdot \quad \cdot \quad}{\quad \cdot \quad} = \frac{\quad \cdot \quad \cdot \quad}{\quad \cdot \quad} =$$

11. Verfassen Sie die Zahlungserinnerung an Peter Mickelsen auf einem gesonderten Blatt Papier. Achten Sie auf die Formulierungen und auch auf die Formvorschriften. Es handelt sich um ein offizielles Schreiben der Fairtext GmbH.

12. Informieren Sie sich mithilfe Ihres Lehrbuches über das kaufmännische Mahnverfahren. Geben Sie an, warum es für die Fairtext GmbH sinnvoll ist, das außergerichtliche (kaufmännische) Mahnverfahren durchzuführen.

13. Betrachten Sie das Beispiel für den Ablauf des außergerichtlichen Mahnverfahrens in Ihrem Lehrbuch. So läuft das Mahnverfahren also bei der Fairtext GmbH ab. Beschreiben Sie in dem folgenden Lösungsfeld das Mahnverfahren in Ihrem Ausbildungsbetrieb in ähnlich dargestellter Form und bereiten Sie sich darauf vor, es Ihren Klassenkameraden vorzustellen.

VERTIEFUNGS- UND ANWENDUNGSAUFGABEN

1. Berechnen Sie die Anzahl der Tage (Zinsmethode 30/360), die bei den folgenden Versäumnissen maßgeblich sind:

   a) 13.01. bis 02.03. _____

   b) 22.04. bis 25.11. _____

   c) 13.06. bis 31.10. _____

   d) 27.02. bis 26.05. _____

   e) 06.03. bis 01.10. _____

   f) 09.01. bis 07.07. _____

   g) 19.11. bis 28.02. _____

2. Geben Sie an, warum eine Mahnung in dem Fall, dass die ursprüngliche Rechnung an Peter Mickelsen kein Zahlungsziel und keine Erläuterungen dazu enthalten hätte, zusätzliche Bedeutung gewinnen würde.

   _____

   _____

   _____

   _____

3. Beschreiben Sie die Unterschiede zwischen einer Zahlungserinnerung und einer Mahnung.

   _____

   _____

   _____

   _____

Zur weiteren Vertiefung der Lerninhalte und Sicherung der Lernergebnisse empfehlen wir die Bearbeitung der Aufgaben und Aktionen in Kapitel 13 und 14 des Lernfeldes 5 in Ihrem Lehrbuch „Groß im Handel, 2. Ausbildungsjahr".

11 Wir informieren uns über das gerichtliche Mahnverfahren bei nicht rechtzeitiger Zahlung

HANDLUNGSSITUATION

Caroline König hat den Fall Peter Mickelsen schon fast wieder vergessen. Sie hatte ja damals die Zahlungserinnerung verfasst und danach hat sie nie wieder etwas von Peter Mickelsen gehört. Offensichtlich hat er gezahlt. Doch heute, am 14.05.20.., kommt Frau Staudt in ihr Büro:

Frau Staudt: „Guten Morgen, Frau König!"

Caroline König: „Guten Morgen, Frau Staudt. Was kann ich für Sie tun?"

Frau Staudt: „Sie erinnern sich an den Fall Peter Mickelsen und die Fußballschuhe ‚König' für 1.428,00 €?"

Caroline König: „Ja, hat er schon wieder etwas nicht bezahlt?"

Frau Staudt: „Schon wieder?!? Er hat die Fußballschuhe immer noch nicht bezahlt."

Caroline König: „Was? Aber ich habe doch seit der Zahlungserinnerung gar nichts mehr von dem Fall gehört."

Frau Staudt: „Das ist auch richtig. Alle weiteren Schritte des außergerichtlichen Mahnverfahrens werden von unserem System automatisch generiert. Erst wenn wir in das gerichtliche Mahnverfahren gehen, müssen wir uns wieder mit dem Fall befassen. Und deshalb bin ich nun wieder bei Ihnen."

Caroline König: „Ach, das ist ja sehr praktisch, dass so viel automatisiert ist. Schade ist nur, dass Herr Mickelsen noch nicht gezahlt hat."

Frau Staudt: „Das sehe ich auch so. Daher möchte ich Sie bitten, nun die nächsten Schritte einzuleiten. Informieren Sie sich auch gleich über das gesamte weitere Verfahren, da davon auszugehen ist, dass Herr Mickelsen nicht bezahlen wird."

Informationen zum Lösen der folgenden Handlungsaufgaben finden Sie im Lehrbuch „Groß im Handel, 2. Ausbildungsjahr" in Kapitel 15 (Gerichtliches Mahnverfahren) und 16 (Zwangsvollstreckung) des Lernfeldes 5.

HANDLUNGSAUFGABEN

1. Geben Sie an, welche Aufgaben Caroline König zu erledigen hat.

Caroline muss es an das gerichtliche Mahnverfahren
einleiten

2. Stellen Sie fest, wie Caroline vorgehen muss, wenn sie die nächsten Schritte des Verfahrens einleiten will.

- Online Formular
- Finanzamt

3. Erstellen Sie den Antrag auf Erlass eines Mahnbescheids gegen Einzelhändler Peter Mickelsen, welcher als Kaufmann im Handelsregister eingetragen ist. Bei Fragen und Problemen verwenden Sie auf der Internetseite www.online-mahnantrag.de die Funktion Hilfe | Online Mahnantrag. Dort finden Sie Erläuterungen zu sämtlichen Zeilen des Antrags.

Gehen Sie von bereits angefallenen Mahnkosten von 23,50 € aus. Ein Rechtsanwalt wird nicht eingeschaltet. Die Kosten für dieses gerichtliche Mahnverfahren betragen 32,50 €. Ein Klageverfahren wäre vor dem Amtsgericht in 31224 Peine durchzuführen. Das zentrale Mahngericht in Niedersachsen ist das Amtsgericht Uelzen (Postfach 1363, 29503 Uelzen).

Antrag auf Erlass eines Mahnbescheids
– Nicht verwendbar für Rechtsanwälte und registrierte Inkassodienstleister –

Raum für Vermerke des Gerichts

Zeilen-Nummer

1 Datum des Antrags: 14/05/2020 **C** Bitte beachten Sie die Ausfüllhinweise!

2 Antragsteller — Bei mehreren Antragstellern: Es wird versichert, dass der in Spalte 1 Bezeichnete bevollmächtigt ist, die weiteren zu vertreten.

3 Spalte 1: 2 (1 = Herr, 2 = Frau) | Spalte 2 Weiterer Antragsteller: 2 (1 = Herr, 2 = Frau)

4 Vorname: Caroline | Vorname: —

5 Nachname: König | Nachname: Staudt

6 Straße, Hausnummer – bitte kein Postfach!: Valsroder Str. 6A | Straße, Hausnummer – bitte kein Postfach!: Walsroder Str. 6A

7 Postleitzahl 30625 Ort Hannover Ausl. Kz. | Postleitzahl 30625 Ort Hannover Ausl. Kz.

8 Spalte 3 Nur Firma, juristische Person u. dgl. als Antragsteller — 3 = nur Einzelfirma 4 = nur GmbH u. Co KG sonst Rechtsform: | Rechtsform, z. B. GmbH, AG, OHG, KG: GmbH

9 Vollständige Bezeichnung: ~~Zentrale~~ Fairtext GmbH — Fortsetzung von Zeile 9

10 / 11 Straße, Hausnummer – bitte kein Postfach!: Walsroder Str. 6a | Postleitzahl 30625 Ort Hannover Ausl. Kz.

12 Gesetzlicher Vertreter — Nr. der Spalte, in der der Vertretene bezeichnet ist | **Gesetzlicher Vertreter** (auch weiterer) — Nr. der Spalte, in der der Vertretene bezeichnet ist

13 Stellung (z. B. Geschäftsführer, Vater, Mutter, Vormund): Geschäftsführer | Stellung

14 Vor- und Nachname | Vor- und Nachname

15 Straße, Hausnummer – bitte kein Postfach! | Straße, Hausnummer – bitte kein Postfach!

16 Postleitzahl Ort Ausl. Kz. | Postleitzahl Ort Ausl. Kz.

17 Antragsgegner — Falls der Antragsgegner unter das Zusatzabkommen zum NATO-Truppenstatut fällt, bitte Ausfüllhinweise beachten. | Antragsgegner sind Gesamtschuldner

18 Spalte 1: 1 (1 = Herr, 2 = Frau) | Spalte 2 Weiterer Antragsgegner: (1 = Herr, 2 = Frau)

19 Vorname: Peter | Vorname

20 Nachname: Mickelsen | Nachname

21 Straße, Hausnummer – bitte kein Postfach!: Gröpern 13 | Straße, Hausnummer – bitte kein Postfach!

22 Postleitzahl 31224 Ort Peine Ausl. Kz. | Postleitzahl Ort Ausl. Kz.

23 Spalte 3 Nur Firma, juristische Person u. dgl. als Antragsgegner — 3 = nur Einzelfirma 4 = nur GmbH u. Co KG sonst Rechtsform: **3** | Rechtsform, z. B. GmbH, AG, OHG, KG: e. K.

24 Vollständige Bezeichnung: Sportartikeleinzelhandel — Fortsetzung von Zeile 24

25 / 26 Straße, Hausnummer – bitte kein Postfach!: Gröpern 13 | Postleitzahl 31224 Ort Peine Ausl. Kz.

27 Gesetzlicher Vertreter — Nr. der Spalte, in der der Vertretene bezeichnet ist | **Gesetzlicher Vertreter** (auch weiterer) — Nr. der Spalte, in der der Vertretene bezeichnet ist

28 Stellung (z. B. Geschäftsführer, Vater, Mutter, Vormund) | Stellung

29 Vor- und Nachname | Vor- und Nachname

30 Straße, Hausnummer – bitte kein Postfach! | Straße, Hausnummer – bitte kein Postfach!

31 Postleitzahl Ort Ausl. Kz. | Postleitzahl Ort Ausl. Kz.

Mahnbescheidsantrag Amtsgericht, 1. Blatt (1723-VI / 10)
Bestell-Nr. 33263-00
ADVOBEDARF

Fassung 01. 06. 2010

Bitte die nächste Vordruckseite beachten!

Bezeichnung des Anspruchs

I. Hauptforderung – siehe Katalog in den Hinweisen –

Katalog-Nr.	Rechnung/Aufstellung/Vertrag oder ähnliche Bezeichnung	Nr. der Rechng./des Kontos u. dgl.	Datum bzw. Zeitraum (TT.MM.JJ) vom	bis	Betrag EUR
32	Rechnung	132-3-20	02/02/20	16/02/20	1.428
33					
34					

Postleitzahl | Ort als Zusatz bei Katalog-Nr. 17, 19, 20, 90 — Ausl. Kz. | Vertragsart als Zusatz bei Katalog-Nr. 28 — -Vertrag

35

Sonstiger Anspruch – nur ausfüllen, wenn im Katalog nicht vorhanden – mit Vertrags-/Lieferdatum/Zeitraum vom . . . bis . . .

36 Fortsetzung von Zeile 36 | vom | bis | Betrag EUR

37

Nur bei Abtretung oder Forderungsübergang:
Früherer Gläubiger – Vor- und Nachname, Firma (Kurzbezeichnung) | Postleitzahl Ort | Datum — Seit diesem Datum ist die Forderung an den Antragsteller abgetreten/auf ihn übergegangen. | Ausl. Kz.

38

39

IIa. Laufende Zinsen

Zeilen-Nr. der Hauptforderung	Zinssatz %	oder %-Punkte über Basiszinssatz	1 = jährl. 2 = mtl. 3 = tägl.	Betrag EUR nur angeben, wenn abweichend vom Hauptforderungsbetrag.	Ab Zustellung des Mahnbescheids, wenn kein Datum angegeben. ab oder vom	bis
40			2			
41						
42						

IIb. Ausgerechnete Zinsen
Gemäß dem Antragsgegner mitgeteilter Berechnung für die Zeit

vom | bis | Betrag EUR

III. Auslagen des Antragstellers für dieses Verfahren

Vordruck/Porto Betrag EUR	Sonstige Auslagen Betrag EUR	Bezeichnung
3,30		Porto

43

IV. Andere Nebenforderungen

Mahnkosten Betrag EUR	Auskünfte Betrag EUR	Bankrücklastkosten Betrag EUR	Inkassokosten Betrag EUR	Anwaltsvergütung für vorgerichtl. Tätigkeit Betrag EUR	Sonstige Nebenforderung Betrag EUR	Bezeichnung
13,50						

44

Ein streitiges Verfahren wäre durchzuführen vor dem

1 = Amtsgericht
2 = Landgericht
3 = Landgericht – KfH
6 = Amtsgericht – Familiengericht
8 = Sozialgericht

Postleitzahl Ort

in

Im Falle eines Widerspruchs beantrage ich die Durchführung des streitigen Verfahrens.

45

Prozessbevollmächtigter des Antragstellers

3 = Rechtsbeistand
4 = Herr, Frau
9 = Verbraucherzentrale, -verband

Vor- und Nachname/Bezeichnung

Ordnungsgemäße Bevollmächtigung versichere ich.
Betrag EUR
Bei Rechtsbeistand:
Anstelle der Auslagenpauschale (Nr. 7002 VV RVG) werden die nebenstehenden Auslagen verlangt, deren Richtigkeit versichert wird.

Der Antragsteller ist nicht zum Vorsteuerabzug berechtigt.

46

47 Straße, Hausnummer – bitte kein Postfach! – | Postleitzahl Ort | Ausl. Kz.

48 IBAN oder: | Bankleitzahl | Konto-Nr. | BIC (Bank Identifier Code)

49 DE 53

Von Kreditgebern (auch Zessionar) zusätzlich zu machende Angaben bei Anspruch aus Verbraucherdarlehensvertrag (§§ 491 ff BGB):

Zeilen-Nr. der Hauptforderung	Vertragsdatum	Effektiver Jahreszins	Zeilen-Nr. der Hauptforderung	Vertragsdatum	Effektiver Jahreszins	Zeilen-Nr. der Hauptforderung	Vertragsdatum	Effektiver Jahreszins

50

51 Geschäftszeichen des Antragstellers/Prozessbevollmächtigten

Caroline K.

Ich erkläre, dass der Anspruch von einer Gegenleistung abhängt, die bereits erbracht wurde oder nicht von einer Gegenleistung abhängt.
Ich beantrage, einen Mahnbescheid zu erlassen und in diesen die Kosten des Verfahrens aufzunehmen.

An das
Amtsgericht
– Mahnabteilung –

52

Unterschrift des Antragstellers/Vertreters/Prozessbevollmächtigten

53 29503 | Uelzen
Postleitzahl, Ort

Fassung 01. 06. 2010

Mahnbescheidsantrag Amtsgericht, 2. Blatt (1723-VI / 10)
Bestell-Nr. 33263-00
ADVO BEDARF

4. Geben Sie mithilfe Ihres Lehrbuches die Wirkung des Mahnbescheids im vorliegenden Fall Peter Mickelsen wieder. Gehen Sie auch auf Wirkungen des Mahnbescheids ein, die im vorliegenden Fall nicht greifen.

_____

_____

_____

_____

_____

_____

_____

_____

_____

5. Vervollständigen Sie das folgende Schaubild zum Verlauf des gerichtlichen Mahnverfahrens nach Zustellung des Mahnbescheids.

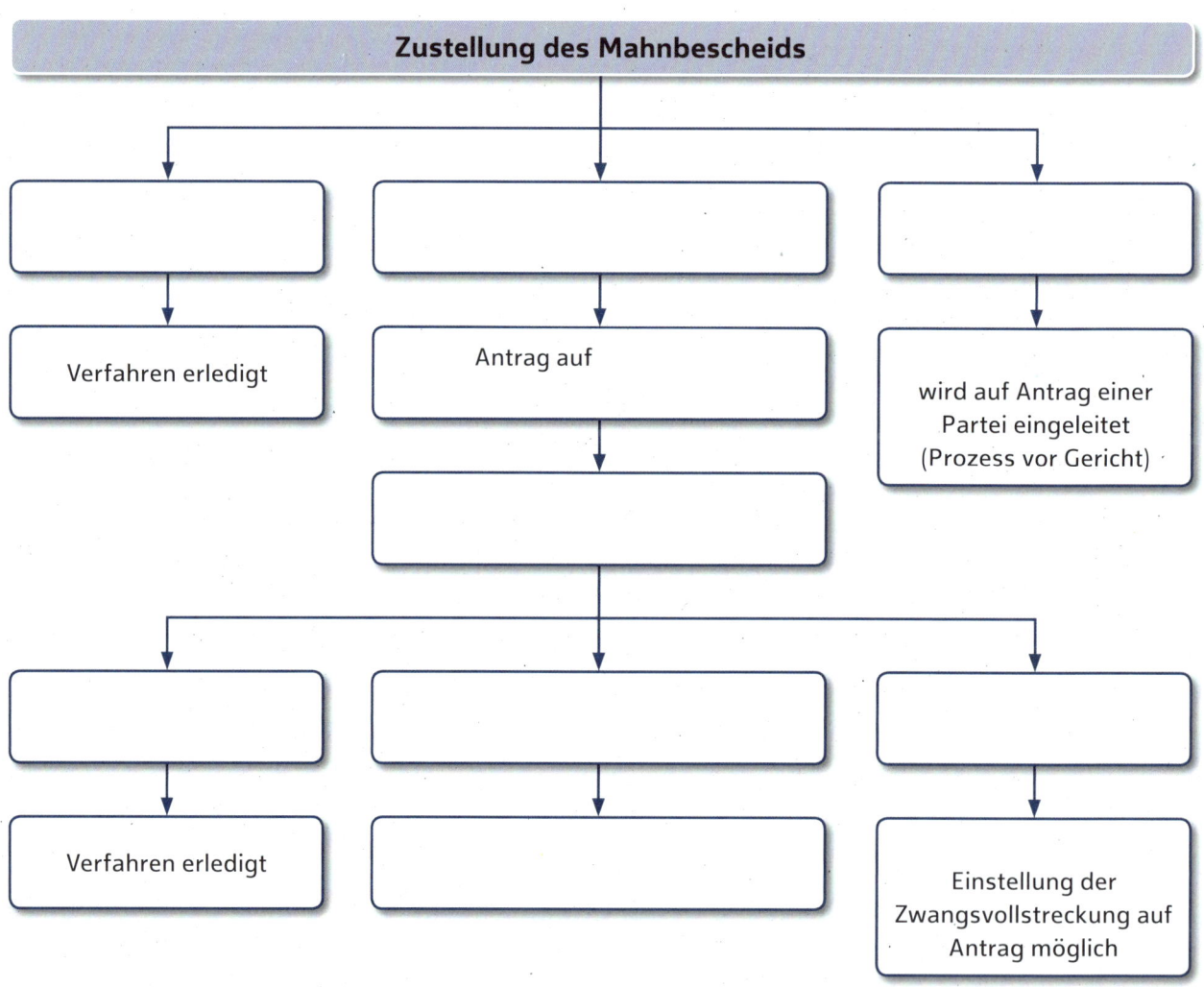

Zustellung des Mahnbescheids

Verfahren erledigt	Antrag auf	wird auf Antrag einer Partei eingeleitet (Prozess vor Gericht)

Verfahren erledigt		Einstellung der Zwangsvollstreckung auf Antrag möglich

VERTIEFUNGS- UND ANWENDUNGSAUFGABEN

1. Gegen Peter Mickelsen wurde ein Vollstreckungsbescheid über 2.650,00 € erwirkt. Die Voraussetzungen für die Zwangsvollstreckung liegen vor. Der Gerichtsvollzieher ist in den Geschäftsräumen von Peter Mickelsen und findet Gegenstände vor. **Entscheiden Sie, ob und wie der Gerichtsvollzieher die Gegenstände pfänden wird.**

Gegenstand/Wert/Neupreis	Pfändbar	Pfändungshandlung	Pfand-wert
Kühltruhe (Kühlschrank ist vorhanden) Wert: 75,00 € Neupreis: 299,00 €			
Bargeld i. H. v. 123,00 €			
Kleidung, Wäsche, Bettwäsche Wert: 750,00 € Neupreis: 2.985,00 €			
LCD-Fernseher Wert: 1.000,00 € Neupreis: 2.250,00 €			
Fußballschuhe „König", 10 Paar Wert: 600,00 € Neupreis: 600,00 €			
Fußballschuhe „König", 2 Paar, die bereits über den Online-Shop verkauft und bezahlt wurden, lediglich der Versand steht noch aus Wert: 120,00 € Neupreis: 120,00 €			

2. **Was wird der Gerichtsvollzieher tun, wenn Peter Mickelsen die Forderung nach der Pfändung nicht bezahlt?**

_____

_____

_____

3. Tragen Sie mithilfe des Lehrbuches die fehlenden Begriffe in die Mindmap ein.

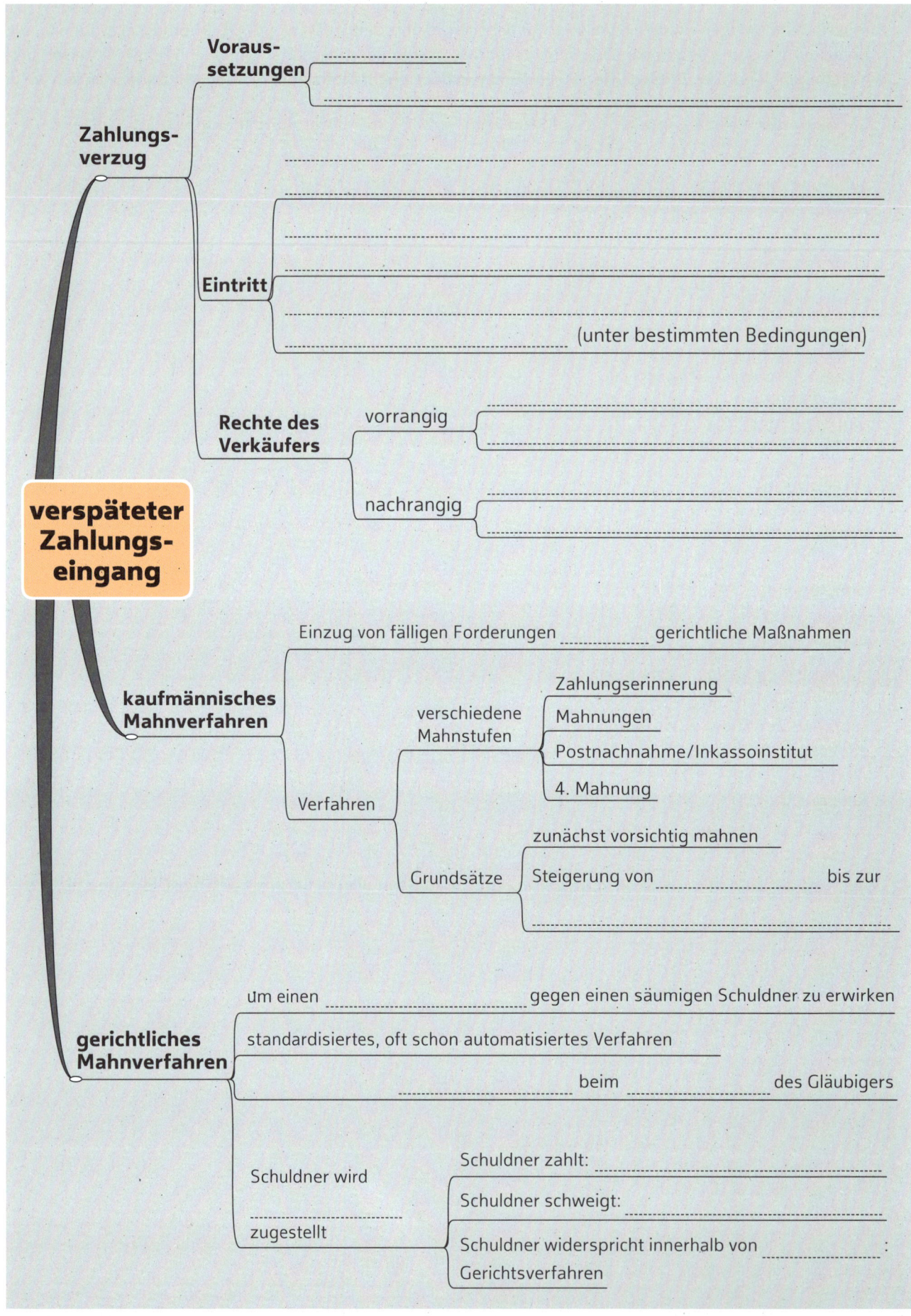

Zahlungs-verzug

Voraus-setzungen
_____
_____

_____

Eintritt
_____
_____
_____
_____
_____ (unter bestimmten Bedingungen)

Rechte des Verkäufers
vorrangig _____
_____

nachrangig _____
_____

verspäteter Zahlungs-eingang

kaufmännisches Mahnverfahren
Einzug von fälligen Forderungen _____ gerichtliche Maßnahmen

Verfahren
  verschiedene Mahnstufen
    Zahlungserinnerung
    Mahnungen
    Postnachnahme/Inkassoinstitut
    4. Mahnung
  Grundsätze
    zunächst vorsichtig mahnen
    Steigerung von _____ bis zur
    _____

gerichtliches Mahnverfahren
um einen _____ gegen einen säumigen Schuldner zu erwirken
standardisiertes, oft schon automatisiertes Verfahren _____
_____ beim _____ des Gläubigers

Schuldner wird _____ zugestellt
  Schuldner zahlt: _____
  Schuldner schweigt: _____
  Schuldner widerspricht innerhalb von _____:
  Gerichtsverfahren

Zur weiteren Vertiefung der Lerninhalte und Sicherung der Lernergebnisse empfehlen wir die Bearbeitung der Aufgaben und Aktionen in Kapitel 15 und 16 im Lernfeld 5 Ihres Lehrbuches „Groß im Handel, 2. Ausbildungsjahr".

12 Wir beachten bei noch ausstehenden Forderungen das Verjährungsrecht

HANDLUNGSSITUATION

Caroline König ist bei Herrn Franke in der Abteilung Rechnungswesen der Fairtext GmbH eingesetzt. Herr Franke ist u. a. für die rechtliche Beurteilung von Problemfällen zuständig. Diese Problemfälle sind in der Regel Fälle, bei denen Forderungen der Fairtext GmbH erst nach längerer Zeit bemerkt werden. Es stellt sich regelmäßig die Frage, ob die Fairtext GmbH ihre Forderungen rechtlich noch geltend machen kann oder ob sie bereits verjährt sind. Heute, an Carolines erstem Arbeitstag bei Herrn Franke, dem 12.08.2021, ergibt sich folgendes Gespräch:

Caroline: „Guten Morgen, Herr Franke. Mein Name ist Caroline König und ich bin Ihnen im Rahmen meiner Ausbildung für die nächste Zeit zugeordnet."

Herr König: „Ah … guten Morgen, Frau Caroline König. Ich habe schon gehört, dass Sie ab heute bei mir sein werden. Das freut mich. Ich habe in der letzten Woche auch extra schon ein paar meiner Problemfälle für Sie an die Seite gelegt. Sie wissen schon, was ich hier tue?"

Caroline: „Oh, das ist ja super. Ja, ich weiß schon, dass Sie sich hier u. a. mit älteren Forderungen befassen und dass Sie prüfen, ob die Fairtext GmbH noch an das Geld kommen kann."

Herr Franke: „Ja, das ist fürs Erste genug. Denn genau solche Fälle habe ich für Sie zurückgelegt. Es geht zumeist darum, dass wir die Verjährung der Forderungen überprüfen müssen. Zunächst einmal sollten Sie sich ein wenig über das Verjährungsrecht informieren und sich die Grundlagen erarbeiten, bevor Sie sich mit den Fällen befassen. Oder wissen Sie schon etwas über die Verjährung?"

Caroline: „Naja, ich weiß, dass man, wenn ein Anspruch verjährt ist, keine Chance mehr hat, an sein Geld zu kommen."

Herr Franke: „Ja … das glauben die meisten. Aber da müssen Sie vorsichtig sein, wie Sie sich ausdrücken. Naja, das werden Sie schon merken. Nachdem Sie sich in die Grundlagen eingearbeitet haben, möchte ich jedenfalls, dass Sie die folgenden Fälle für mich hinsichtlich einer möglichen Verjährung überprüfen. Zunächst einmal haben wir einen Fall, der uns irgendwie ‚durchgerutscht' ist. An die Guttex GmbH wurden am 12.07.2018 zwei Positionen Damenwäsche im Wert von jeweils 1.200,00 € ausgeliefert, die bei uns am selben Tag auch bestellt wurden. Eine Rechnung wurde bezahlt. In unserem System wurden aber versehentlich beide Rechnungen als gezahlt eingetragen."

Caroline: „Oh … das ist aber ärgerlich. Aber das kann natürlich mal passieren."

Herr Franke: „Ja, es sollte aber nicht passieren. Bei dem zweiten Fall sieht es etwas anders aus. Im Rahmen einer Demonstration in Hannover am 05.08.2003 und am 06.08.2013 wurde unsere Niederlassung beschädigt. Einen der

Haupttäter konnte die Polizei erst kürzlich, am 07.06.2021, aufgrund nachhaltiger Ermittlungen im Zusammenhang mit einer anderen Tat festnehmen. Wir wurden von den Beamten am Tag der Festnahme informiert und beabsichtigen nunmehr, den Schadensersatz gegen den Täter geltend zu machen."

Caroline: „Puh, das ist aber lange her. Aber das hört sich ja unglaublich interessant an."

Herr Franke: „Ja, so einen schönen Fall habe ich auch nicht alle Tage. Naja, und schlussendlich habe ich noch einen kleinen Problemfall. Die Textileinzelhändlerin Silke Bachmann e. K. steht in unserer O-POS-Liste noch mit einer Forderung in Höhe von 4.500,00 € zu Buche. Frau Bachmann eröffnete den Laden und wir lieferten die am 07.11.2017 bestellte Ware sofort aus. Frau Bachmann behauptete später, dass sie nur einen Teil der Ware erhalten hätte, und verweigerte die Restzahlung in Höhe des offenen Pos-

tens. Nach mehreren Mahnungen und viel Schriftverkehr blieb uns schließlich nichts anderes übrig, als am 31.01.2020 nach erfolglosem Mahnverfahren Klage gegen Frau Bachmann zu erheben. Mit rechtskräftigem Urteil vom 31.03.2021 gab uns das Amtsgericht Hannover recht. Frau Bachmann hat aber noch nicht gezahlt. Ich bin mir jetzt nicht mehr sicher, wie lange wir mit diesem Anspruch bezüglich der Verjährung noch Zeit haben."

Caroline: „Hm ... das ist ja auch schon lange her."

Herr Franke: „Ja, das ist es. Bitte prüfen Sie, ob wir an das Geld noch herankommen und wann die Forderungen verjähren. Bereiten Sie mir die Informationen am besten in einem kleinen Schaubild für jeden Sachverhalt auf, dann habe ich sofort einen Überblick. Vielen Dank und bis nachher."

Caroline schnappt sich zunächst einmal das BGB, um sich über das Verjährungsrecht zu informieren, und findet folgende Vorschriften:

---

§ 195 Regelmäßige Verjährungsfrist

Die regelmäßige Verjährungsfrist beträgt drei Jahre.
§ 196 Verjährungsfrist bei Rechten an einem Grundstück
Ansprüche auf Übertragung des Eigentums an einem Grundstück sowie auf Begründung, Übertragung oder Aufhebung eines Rechts an einem Grundstück oder auf Änderung des Inhalts eines solchen Rechts sowie die Ansprüche auf die Gegenleistung verjähren in zehn Jahren.

§ 197 Dreißigjährige Verjährungsfrist

(1) In 30 Jahren verjähren, soweit nicht ein anderes bestimmt ist,
1. Herausgabeansprüche aus Eigentum, anderen dinglichen Rechten, den §§ 2018, 2130 und 2362 sowie die Ansprüche, die der Geltendmachung der Herausgabeansprüche dienen,
2. (weggefallen)
3. rechtskräftig festgestellte Ansprüche,
4. Ansprüche aus vollstreckbaren Vergleichen oder vollstreckbaren Urkunden,
5. Ansprüche, die durch die im Insolvenzverfahren erfolgte Feststellung vollstreckbar geworden sind, und
6. Ansprüche auf Erstattung der Kosten der Zwangsvollstreckung.
(2) Soweit Ansprüche nach Absatz 1 Nr. 3 bis 5 künftig fällig werdende regelmäßig wiederkehrende Leistungen zum Inhalt haben, tritt an die Stelle der Verjährungsfrist von 30 Jahren die regelmäßige Verjährungsfrist.

§ 199 Beginn der regelmäßigen Verjährungsfrist und Verjährungshöchstfristen

(1) Die regelmäßige Verjährungsfrist beginnt, soweit nicht ein anderer Verjährungsbeginn bestimmt ist, mit dem Schluss des Jahres, in dem
1. der Anspruch entstanden ist und
2. der Gläubiger von den den Anspruch begründenden Umständen und der Person des Schuldners Kenntnis erlangt oder ohne grobe Fahrlässigkeit erlangen müsste.
(2) Schadensersatzansprüche, die auf der Verletzung des Lebens, des Körpers, der Gesundheit oder der Freiheit beruhen, verjähren ohne Rücksicht auf ihre Entstehung und die Kenntnis oder grob fahrlässige Unkenntnis in 30 Jahren von der Begehung der Handlung, der Pflichtverletzung oder dem sonstigen, den Schaden auslösenden Ereignis an.
(3) Sonstige Schadensersatzansprüche verjähren
1. ohne Rücksicht auf die Kenntnis oder grob fahrlässige Unkenntnis in zehn Jahren von ihrer Entstehung an und (...)
(4) Andere Ansprüche als die nach den Absätzen 2 bis 3a verjähren ohne Rücksicht auf die Kenntnis oder grob fahrlässige Unkenntnis in zehn Jahren von ihrer Entstehung an (...)

§ 204 Hemmung der Verjährung durch Rechtsverfolgung

(1) Die Verjährung wird gehemmt durch
1. die Erhebung der Klage auf Leistung oder auf Feststellung des Anspruchs, auf Erteilung der Vollstreckungsklausel oder auf Erlass des Vollstreckungsurteils, (...)
3. die Zustellung des Mahnbescheids im Mahnverfahren (...)
10. die Anmeldung des Anspruchs im Insolvenzverfahren oder im Schifffahrtsrechtlichen Verteilungsverfahren, (...)
(2) Die Hemmung nach Absatz 1 endet sechs Monate nach der rechtskräftigen Entscheidung oder anderweitigen Beendigung des eingeleiteten Verfahrens. Gerät das Verfahren dadurch in Stillstand, dass die Parteien es nicht betreiben, so tritt an die Stelle der Beendigung des Verfahrens die letzte Verfahrenshandlung der Parteien, des Gerichts oder der sonst mit dem Verfahren befassten Stelle. Die Hemmung beginnt erneut, wenn eine der Parteien das Verfahren weiterbetreibt (...)

§ 209 Wirkung der Hemmung

Der Zeitraum, während dessen die Verjährung gehemmt ist, wird in die Verjährungsfrist nicht eingerechnet.

§ 212 Neubeginn der Verjährung

(1) Die Verjährung beginnt erneut, wenn
1. der Schuldner dem Gläubiger gegenüber den Anspruch durch Abschlagszahlung, Zinszahlung, Sicherheitsleistung oder in anderer Weise anerkennt oder
2. eine gerichtliche oder behördliche Vollstreckungshandlung vorgenommen oder beantragt wird.
(2) Der erneute Beginn der Verjährung infolge einer Vollstreckungshandlung gilt als nicht eingetreten, wenn die Vollstreckungshandlung auf Antrag des Gläubigers oder wegen Mangels der gesetzlichen Voraussetzungen aufgehoben wird.
(3) Der erneute Beginn der Verjährung durch den Antrag auf Vornahme einer Vollstreckungshandlung gilt als nicht eingetreten, wenn dem Antrag nicht stattgegeben oder der Antrag vor der Vollstreckungshandlung zurückgenommen oder die erwirkte Vollstreckungshandlung nach Absatz 2 aufgehoben wird.

§ 214 Wirkung der Verjährung

(1) Nach Eintritt der Verjährung ist der Schuldner berechtigt, die Leistung zu verweigern.
(2) Das zur Befriedigung eines verjährten Anspruchs Geleistete kann nicht zurückgefordert werden, auch wenn in Unkenntnis der Verjährung geleistet worden ist. Das Gleiche gilt von einem vertragsmäßigen Anerkenntnis sowie einer Sicherheitsleistung des Schuldners.

Informationen zum Lösen der folgenden Handlungsaufgaben finden Sie im Lehrbuch „Groß im Handel, 2. Ausbildungsjahr" in Kapitel 17 (Verjährungsrecht) des Lernfeldes 5.

HANDLUNGSAUFGABEN

1. Geben Sie an, welche Aufgaben Caroline König zu erledigen hat.

_____

_____

_____

_____

2. Arbeiten Sie aus den §§ 195 bis 197 BGB heraus, welche grundsätzlichen Verjährungsfristen es gibt, indem Sie das folgende Schaubild vervollständigen.

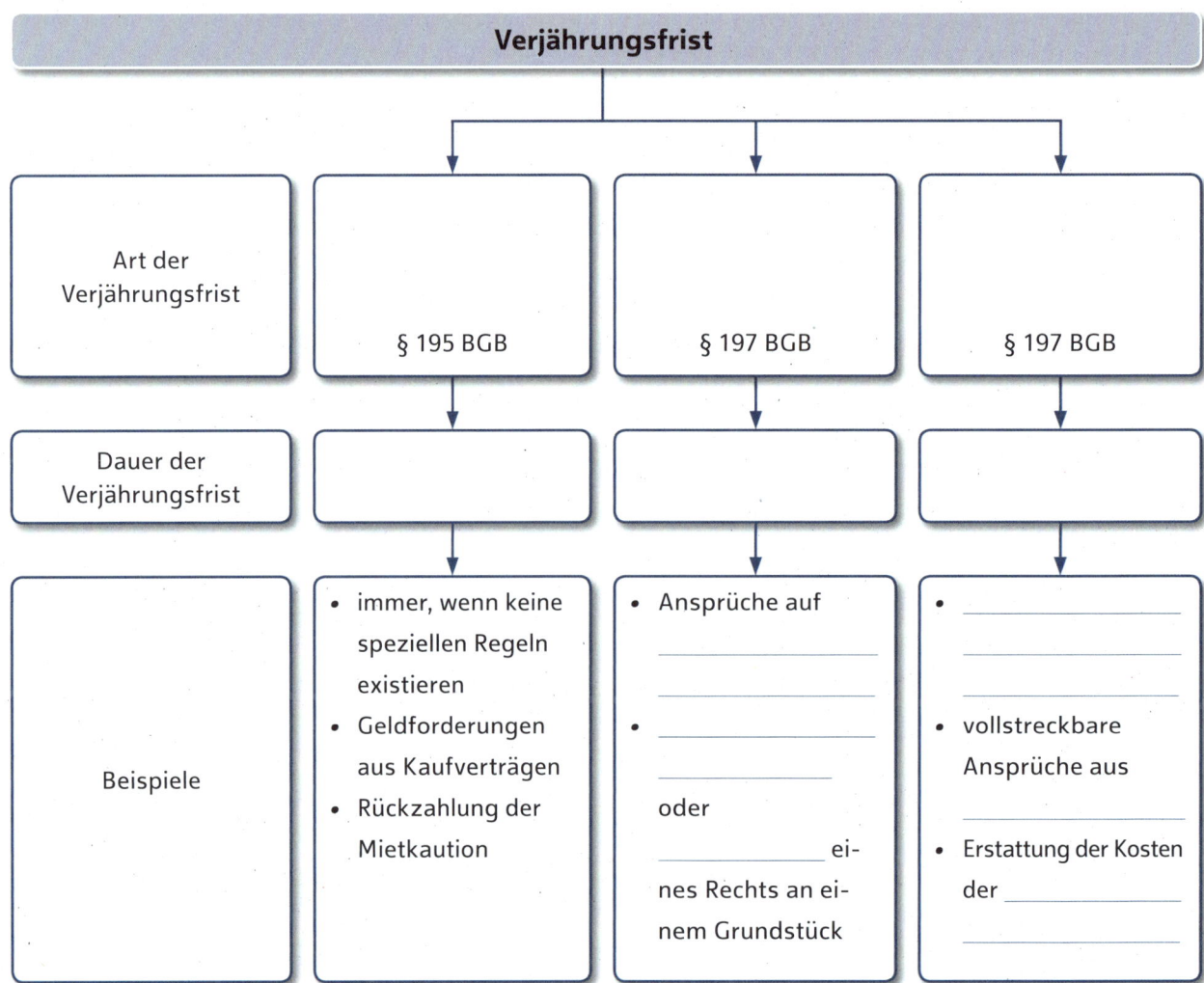

3. Verschaffen Sie sich mithilfe des § 199 BGB einen Überblick über die regelmäßige Verjährungsfrist und ihren Beginn sowie die Verjährungshöchstfristen, indem Sie das folgenden Schaubild vervollständigen.

Regelmäßige Verjährungsfrist § 199 BGB

Voraussetzungen:

1. _____

2. Gläubiger hat Kenntnis von _____

_____ und der Person des Schuldners (er muss den Schuldner kennen) oder er hätte

diese Kenntnisse ohne grobe Fahrlässigkeit erlangen müssen

Beginn der regelmäßigen Verjährungsfrist:	_____ _____

Verjährungshöchstfristen § 199 Abs. 2, 3 und 4 BGB

Ohne Rücksicht auf _____ und _____ oder

_____ verjähren

_____ , die auf der Verletzung von _____ _____ _____ beruhen nach _____ § 199 Abs. 2 BGB	_____ nach _____ § 199 Abs. 3 Nr. 1 BGB	_____ _____ _____ nach _____ § 199 Abs. 4 BGB

Fristbeginn			Fälligkeit des Anspruchs (Entstehung)

4. Geben Sie mit eigenen Worten wieder, was man unter „Verjährung" versteht und was das Ziel der Verjährung ist.

5. Geben Sie mithilfe der Informationen Ihres Lehrbuches an, welche Gründe für eine Hemmung der Verjährung vorliegen können und wie lange die Verjährung jeweils gehemmt wird.

6. Geben Sie mithilfe von § 209 BGB an, welche Wirkung eine Hemmung der Verjährung hat. Beschreiben Sie die Wirkung mit eigenen Worten.

7. Arbeiten Sie aus § 212 BGB heraus, wann die Verjährungsfrist neu beginnt.

8. Prüfen Sie mithilfe des Gesetzestextes genau, ob die Forderung der Fairtext GmbH gegenüber der Guttex GmbH am 12.08.2021 bereits verjährt ist. Geben Sie in Ihrer Antwort die Gesetzesstellen, das Fristende und die Bedeutung Ihres Ergebnisses für die Fairtext GmbH an.

9. Prüfen Sie mithilfe des Gesetzestextes genau, ob die Forderung der Fairtext GmbH gegenüber dem Randalierer am 12.08.2021 bereits verjährt ist. Geben Sie in Ihrer Antwort die Gesetzesstellen, das Fristende und die Bedeutung Ihres Ergebnisses für die Fairtext GmbH an.

Regelmäßige Verjährungsfrist:

_____

_____

_____

_____

_____

_____

_____

_____

_____

Absolute Verjährungsfrist:

_____

_____

_____

_____

_____

_____

_____

_____

10. Prüfen Sie mithilfe des Gesetzestextes genau, ob die Forderung der Fairtext GmbH gegenüber Frau Bachmann am 12.08.2021 bereits verjährt ist. Geben Sie in Ihrer Antwort die Gesetzesstellen, das Fristende und die Bedeutung Ihres Ergebnisses für die Fairtext GmbH an.

_____

11. Bereiten Sie Ihre Arbeitsergebnisse für Herrn Franke in jeweils einem Schaubild pro Sachverhalt auf, damit Sie ihm die Lösungen möglichst anschaulich und schnell präsentieren können.

VERTIEFUNGS- UND ANWENDUNGSAUFGABEN

1. Fall:

Ein Herrenausstatter, welcher auf Bräutigammoden spezialisiert ist, hat am 23.10.2018 im Laden der Fairtext GmbH fünf sehr teure Anzugkombinationen mit Hemd, Weste und Krawatte des Models „Robert P." für 1.199,00 € gekauft. Leider ist auch dieser Verkauf „durchgerutscht", da der Umsatz nicht im System landete. Die Fairtext GmbH hat ihn bereits am 17.02.2021 angeschrieben und er hat mit Schreiben vom 21.02.2021 um eine Stundung gebeten, bis das Hochzeitsgeschäft abgeschlossen wäre, da er dann wieder über eine bessere Liquidität verfügt. Dies wird voraussichtlich im September dieses Jahres sein.

Aufgabe:

Prüfen Sie mithilfe des Gesetzestextes genau, ob die Forderung der Fairtext GmbH aus dem Kauf des Anzugs gegenüber dem Kunden am 12.08.2021 bereits verjährt ist. Geben Sie in Ihrer Antwort die Gesetzesstellen, das Fristende und die Bedeutung Ihres Ergebnisses für die Fairtext GmbH an.

Zur weiteren Vertiefung der Lerninhalte und Sicherung der Lernergebnisse empfehlen wir die Bearbeitung der Aufgaben und Aktionen in Kapitel 17 des Lernfeldes 5 Ihres Lehrbuches „Groß im Handel, 2. Ausbildungsjahr".

1 Wir setzen Marketingmaßnahmen systematisch auf dem Absatzmarkt ein

HANDLUNGSSITUATION

Caroline König nimmt an einer Abteilungssitzung des Verkaufs teil. Herr Raub, der Abteilungsleiter, stellt gerade die Umsatzentwicklung in der Filiale Rostock mithilfe einer PowerPoint-Präsentation vor:

Umsatzentwicklung Filiale Rostock

Vorvorletztes Jahr	Vorletztes Jahr	Letztes Jahr
70,9 Mio. €	64,7 Mio. €	54,3 Mio. €

Im weiteren Verlauf der Sitzung macht sich Caroline König einige Notizen zum Vortrag von Herrn Raub:

Wir haben in Rostock mittlerweile jährliche Verluste in Höhe von 2,8 Millionen €.

Die dortige Verkaufsabteilung ist überhaupt nicht aktiv geworden und hat nur abwartend reagiert.

Kam ein Kunde ins Geschäft, freute man sich. Das war es dann. Es wurden überhaupt keine Maßnahmen ergriffen.

Man hat nicht in irgendeiner Weise versucht herauszufinden, was tatsächliche oder potenzielle Kunden denken.

Wichtige Trends im Modebereich wurden nicht beachtet, um nicht zu sagen „verschlafen". Das Warenangebot dieser Filiale war damit nicht zielgruppen- und zeitgemäß.

Vor vier Jahren verließen uns dort die vier Mitarbeiter im Außendienst. Seitdem wurden weder Reisende eingestellt noch Verträge mit Vertretern abgeschlossen. Versäumt wurde auch, über den Aufbau eines neuen Vertriebsweges nachzudenken, wie es einige andere Filialen mit dem Cash-and-carry-Konzept erfolgreich gemacht haben.

Im Gegensatz zu anderen Filialen wurden mehrere Warengruppen sehr großzügig kalkuliert. Die Verkaufspreise wurden dadurch sehr hoch.

Es wurde weder in der Fachpresse geworben noch wurden Einzelhändler gezielt angesprochen.

Aus Altersgründen wird es ab Sommer keinen Mitarbeiter mehr in der Verkaufsabteilung geben: deshalb Neueinstellungen.

Herr Raub: *„Ich sorge mich um die Rostocker Filiale. Da ist ja überhaupt kein Marketing gemacht worden. Wir müssten klären, was im Einzelnen schiefgelaufen ist und was man stattdessen vielleicht hätte machen können …*

Ach so, Frau König, Sie wollten nach der Ausbildung doch zurück nach Rostock. Was halten Sie denn davon, wenn wir Sie als Mitarbeiterin in der Rostocker Filiale übernehmen? Da wir die neuen Mitarbeiter in der Abteilung Verkauf dort innerbetrieblich rekrutieren, könnten Sie dem neuen Abteilungsleiter bei der Schulung helfen."

Informationen zum Lösen der folgenden Handlungsaufgaben finden Sie in Ihrem Lehrbuch „Groß im Handel, 2. Ausbildungsjahr" im Kapitel 1 (Marketing als zentrale Aufgabe der Sicherung und Steigerung des Absatzerfolges) des Lernfeldes 6.

HANDLUNGSAUFGABEN

1. Stellen Sie fest, vor welchem Problem die Fairtext GmbH steht.

2. Geben Sie Gründe an, wie es zu den Schwierigkeiten in der Filiale kommen konnte.

3. Machen Sie einen Vorschlag, wie die Situation in der Filiale allgemein verbessert werden kann.

4. Erläutern Sie den Begriff Marketing.

5. Caroline König bereitet sich darauf vor, die neuen Mitarbeiter in Rostock zu schulen. Dazu fertigt sie für sich eine Mindmap an.

Ergänzen Sie die folgende Mindmap.

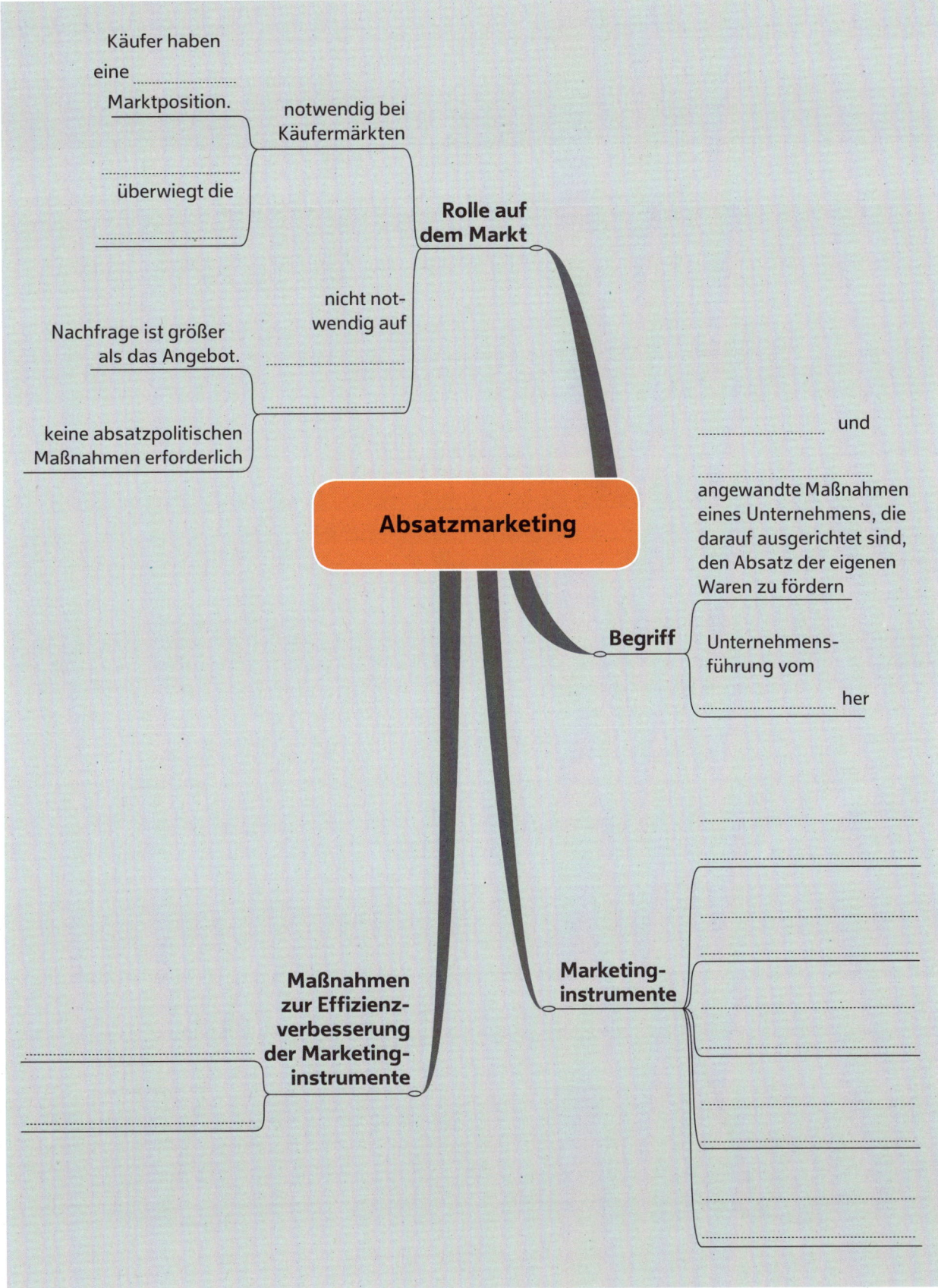

Käufer haben eine .... Marktposition.

.... überwiegt die ....

notwendig bei Käufermärkten

Rolle auf dem Markt

nicht not-wendig auf ....

Nachfrage ist größer als das Angebot.

keine absatzpolitischen Maßnahmen erforderlich

Absatzmarketing

.... und .... angewandte Maßnahmen eines Unternehmens, die darauf ausgerichtet sind, den Absatz der eigenen Waren zu fördern

Begriff

Unternehmens-führung vom .... her

Marketing-instrumente

Maßnahmen zur Effizienz-verbesserung der Marketing-instrumente

ERWEITERUNG DER HANDLUNGSSITUATION

Herr Raub: *„Ja, liebe Kolleginnen und Kollegen. Ich hatte Sie eben gebeten, sich Marketingmaßnahmen für unsere Filiale in Rostock zu überlegen und auf Karten zu schreiben. Ich sehe, da ist eine ganze Menge zusammengekommen. Wir müssen die Maßnahmen jetzt noch den verschiedenen Bereichen des Marketings zuordnen."*

Diversifikation	Reparaturannahme
(Mitarbeiterzeitung) Human Relations	Erweiterung des Warenangebots
Andere Wahl der Vertriebsform	Preisdifferenzierung (unterschiedliche Preise zu unterschiedlichen Zeiten)
Sonderangebote	Messen und Ausstellungen
Eventmarketing (Themenwochen)	Sponsoring
Kinderhort (Mitarbeiter)	Mischkalkulation
Verkaufsförderung	Product-Placement
Bereinigung des Warenangebots	Gratisparkplätze
Überprüfung der Bedienungsform	Kinderhort (Kunden)
Absatzwerbung (mehr Zeitungsanzeigen)	Stammkundenrabatt

HANDLUNGSAUFGABEN

1. Erläutern Sie die Aufgabe der Sortimentspolitik.

2. Geben Sie an, was unter Produktpolitik verstanden wird.

3. Stellen Sie fest, was zur Preispolitik gehört.

4. Führen Sie auf, was Fragestellung der Distributionspolitik ist.

5. Erläutern Sie das Ziel der Kommunikationspolitik.

6. Erklären Sie die Bedeutung der Kundendienstpolitik.

7. Ordnen Sie die Maßnahmen auf den Metaplankarten den einzelnen Marketingbereichen zu.

Marketingbereiche				
Kundendienst-politik	Sortiments-politik	DIstributions-politik	Kommunikations-politik	Preispolitik

VERTIEFUNGS- UND ANWENDUNGSAUFGABEN

1. Was versteht man unter einem Verkäufermarkt?

2. **Erläutern Sie den Käufermarkt.**

_____

_____

_____

_____

_____

_____

3. **Ordnen Sie die folgenden Marktsituationen jeweils dem Käufer- oder Verkäufermarkt zu.**

Marktsituation	Käufermarkt	Verkäufermarkt
Märkte für Grundnahrungsmittel		
Ölmarkt während einer Ölkrise		
große Teile des Automobilmarkts		
Kosmetikartikel		
der Wohnungsmarkt in einer Region mit starkem Bevölkerungszuwachs		

4. **Ergänzen Sie die folgenden Aussagen zum Thema Marktsegmentierung.**
Verwenden Sie die folgenden Begriffe:

> alte – Aussonderung unrentabler – einheitliche Untergruppen – gewinnen – gewinnversprechenden – neue – speziell zugeschnittene – Streuverluste – unübersichtliche

Bei der Marktsegmentierung wird der z.T. _____ Markt nach bestimmten Gesichtspunkten in

nach Möglichkeit _____ eingeteilt.

Eine Marktsegmentierung kann folgende Vorteile haben:

– Durch _____ Marketingmaßnahmen fällt es leichter, _____ Kunden zu

_____ oder _____ Kunden zu binden.

– Durch genaue Abstimmung der jeweiligen Marketinginstrumente auf die Zielgruppe werden _____

vermieden.

Eine Marktsegmentierung kann bis zur Kundenselektion führen. Ziel einer Kundenselektion ist die Bestimmung einer

Zielgruppe unter _____ Kunden. Die Marketingaktivitäten werden dann gezielt auf die

_____ Kunden gelenkt.

Zur weiteren Vertiefung der Lerninhalte und Sicherung der Lernergebnisse empfehlen wir das Bearbeiten der Aufgaben und Aktionen in Kapitel 1 des Lernfeldes 6 in Ihrem Lehrbuch „Groß im Handel, 2. Ausbildungsjahr".

2 Wir erforschen den Absatzmarkt

HANDLUNGSSITUATION

Herr Raub: *„Ich danke Ihnen für Ihre Vorschlä-ge. Bevor wir uns um einzelne Marketingmaßnahmen im Detail kümmern, sollten wir vorher erst einmal in Erfahrung bringen, was die Modetrends diese Saison sind und was unsere Kunden überhaupt so denken."*

Caroline König: *„Zufällig habe ich heute Morgen einen passenden Artikel in der Zeitung gelesen. Wo habe ich ihn denn? Da ist er ja:"*

Die Modetrends dieses Jahres: Sie sollten Sie kennen!

Dieses Jahr wird es besonders gemütlich: Es wird – auch Im Textilbereich – kuschelig. Die Mode wird praktisch und alltagstauglich. Sie ist aber gleichzeitig stilvoll. Das Ganze muss gar nicht schäbig und schlampig aussehen. Angesagt sind dieses Jahr:

- Home- und Loungewear: Ein lässiger Look wird verbunden mit einer eleganten Erscheinung

- Gefragt sind dieses Jahr auch Hemden, Anzüge und Blazer mit weiter Passform: Die Kleidung soll gemütlich sein, aber ohne Stileinbuße.

- Als Trendfarbe gilt dieses Jahr ein helles, fröhliches Gelb. Damit verbunden wird eine Sonne, die Wärme und Lebendigkeit ausstrahlt. Ebenfalls angesagt sind Pastellfarben.

- Ein sehr progressiver Trend sehen Experten in der Gender Neutral-Fashion. Dabei wird die Mode nicht mehr in die für Herren und für Damen unterteilt. Stattdessen werden modisch die Grenzen verwischt: die Mode wird geschlechtsübergreifend.

Frau Eisenberg: „Sehr interessant diese Informationen aus zweiter Hand. Müssen wir nicht eventuell auch selber Informationen gewinnen? Wie können wir das machen?
Welche Möglichkeiten gibt es denn insgesamt?"

Herr Raub: „Frau Eisenberg, Sie haben recht! Wenn wir wirklich ab jetzt systematisch Marketing betreiben wollen, brauchen wir tatsächlich viele Kenntnisse über den Markt. Wir müssen uns zunächst einmal klarmachen, welche Informationen wir benötigen, um absatzfördernde Maßnahmen einzusetzen. Geklärt werden muss dann, mit welchen Methoden wir diese Informationen gewinnen können."

Frau Eisenberg: „Wie besprochen wollen wir ja verstärkt auch Berufskleidung anbieten. Hier sollten wir als Erstes Marktforschung betreiben. Über diesen Markt wissen wir noch sehr wenig ..."

Informationen zum Lösen der folgenden Handlungsaufgaben finden Sie im Lehrbuch „Groß im Handel, 2. Ausbildungsjahr", im Kapitel 2 (Marktuntersuchung und Marktforschung) des Lernfeldes 9.

HANDLUNGSAUFGABEN

1. Erklären Sie den Begriff Marktforschung.

_____

_____

_____

2. Unterscheiden Sie zwischen Markterkundung und Marktforschung.

_____

_____

_____

3. Führen Sie Ziele der Marktforschung auf.

_____

_____

_____

_____

_____

_____

4. Geben Sie Untersuchungsgegenstände der Marktforschung an.

5. Erläutern Sie den Unterschied zwischen primärer und sekundärer Marktforschung.

6. Füllen Sie die folgende Tabelle aus.

Methoden der Marktforschung	
Methoden im Hinblick auf den ausgewerteten Zeitraum (Bereiche der Marktforschung)	Methoden im Hinblick auf die verwendeten Informationsquellen

7. Entscheiden Sie, welche Methode die Auswertung des Zeitungsartikels „Modetrends. Wie ein Blatt im Herbst" darstellt.

8. Stellen Sie fest, welche Fragen eine Marktforschung zur verstärkten Einführung von Berufskleidung in das Sortiment der Fairtext GmbH beantworten sollte.

9. Ordnen Sie die richtigen Begriffe der Marktforschung den folgenden Beispielen zu.

Beispiel	Begriff
Die Fairtext GmbH wertet regelmäßig Einkommenstatistiken im Hinblick auf potenzielle Kunden aus.	
Die Fairtext GmbH erteilt dem Marktforschungsinstitut Mafinst den Auftrag, permanent die Käufergewohnheiten zu erforschen.	
Herr Raub erfährt bei einem Messebesuch, dass ein Mitbewerber demnächst neue Produkte ins Sortiment aufnehmen wird.	
Die Fairtext GmbH wertet Kataloge von Mitbewerbern aus, um ggf. sortiments- und preispolitische Entschei-dungen treffen zu können.	

VERTIEFUNGS- UND ANWENDUNGSAUFGABEN

Zur weiteren Vertiefung und Sicherung der Lerninhalte empfehlen wir das Bearbeiten der Aufgaben und Aktionen im Kapitel 2 des Lernfeldes 6 in Ihrem Lehrbuch „Groß im Handel, 2. Ausbildungsjahr".

3 Wir arbeiten mit Methoden der Sortiments- und Produktpolitik

HANDLUNGSSITUATION

In der Abteilungssitzung Verkauf wird gerade die Entwicklung unterschiedlicher Produkte behandelt.

Herr Raub: „Unser Warenwirtschaftssystem hat uns eine Menge Daten zur Verfügung gestellt. Schauen wir uns einmal die Umsatzzahl dieses Artikels unserer Handelsmarke an ..."

März	April	Mai	Juni	Juli
100.000,00	400.000,00	800.000,00	600.000,00	100.000,00

Herr Raub: „Hier müssen wir klären, wie wir bei diesem Artikel reagieren können. Dann haben wir uns entschieden, in Rostock als neue sortimentspolitische Maßnahme das Angebot

von E-Bikes aufzunehmen, weil Umfragen zufolge die Nachfrage danach sehr groß ist und diese unser Sportartikel-Sortiment sehr gut ergänzen würden. Außerdem ist für die E-Bikes die Gewinnspanne sehr groß. Zusätzlich sollten wir einige Warengruppen daraufhin untersuchen, ob wir den Sortimentsumfang ändern können. Produktpolitisch müssen wir zwei Fragen klären:

– Sollen wir für diese E-Bikes eine Marke entwickeln?

– Wie sollte die Verpackung des E-Bikes aus-sehen?

Dann schauen wir uns hier noch einmal den Artikelbericht der Warengruppe Damenober-bekleidung an ..."

Artikelbericht (Auszug)

ART.-BERICHT VON 6. FEBRUAR BIS 12. FEBRUAR 20.. WARENGRUPPE: DOB

WARENART 1 ***** MÄNTEL *****

ARTIKEL-NR. INTERNE NR.	BEZEICHNUNG	VK-PREIS EK-PREIS	VK_ST. BESTAND	BESTAND VK BESTAND EK	UMSATZ GEWINN	KALK. % ERZ. %	ABV. %
70200	BETTY JORDAN	369,00	5	369,00	1.845,00	54,6	83,3
10001		187,40	1	187,42	1.008,00	54,6	
70400	DECO INTERN	359,00	2	718,00	718,00	52,8	50,0
10004		169,50	2	339,00	379,00	52,8	
70410	KTM	256,60	5	2.042,80	1.283,00	52,4	38,4
20001		126,10	8	1.008,80	652,50	52,4	

Warenart 2 ***** Kleider *****

ARTIKEL-NR. INTERNE NR.	BEZEICHNUNG	VK-PREIS EK-PREIS	VK_ST. BESTAND	BESTAND VK BESTAND EK	UMSATZ GEWINN	KALK. % ERZ. %	ABV. %
70400	DECO INTERN	205,00	3	1.230,00	615,00	56,2	33,3
30001		89,89	6	537,34	345,33	56,2	
70410	KTM	198,00	5	396,00	990,00	57,1	71,4
30003		84,90	2	169,80	565,50	57,1	

Nutzen Sie zum Lösen der folgenden Handlungsaufgaben die Kapitel 3 (Produktpolitik) und 4 (Sortimentspolitik) des Lernfeldes 6 in Ihrem Lehrbuch „Groß im Handel, 2. Ausbildungsjahr".

HANDLUNGSAUFGABEN

1. Erläutern Sie, vor welchen Problemen die Fairtext GmbH steht.

2. Definieren Sie die Produktpolitik.

3. Führen Sie die vier Bereiche der Produktpolitik auf.

4. Unterscheiden Sie zwischen Packung und Verpackung.

5. Erläutern Sie die Aufgabe der Packungspolitik im Rahmen der Produktpolitik.

6. a) Geben Sie die Funktionen an, die die Packung der E-Bikes erfüllen sollte.

b) Überlegen Sie, welche Funktionen der Verpackung bei den E-Bikes im Vordergrund stehen.

7. Unterscheiden Sie Hersteller- und Handelsmarken.

8. Begründen Sie, warum eine Markierung der E-Bikes für die Fairtext GmbH sinnvoll sein könnte.

9. Geben Sie an, welche Markenarten es gibt.

10. Machen Sie skizzenhaft einen Vorschlag, wie das E-Bike markiert werden könnte. Verwenden Sie dazu mehrere Markenbestandteile.

11. Erläutern Sie den Produktlebenszyklus.

12. Fertigen Sie eine Skizze an, die den Produktlebenszyklus des Artikels der Handelsmarke wiedergibt. Kennzeichnen Sie dabei die jeweilige Phase.

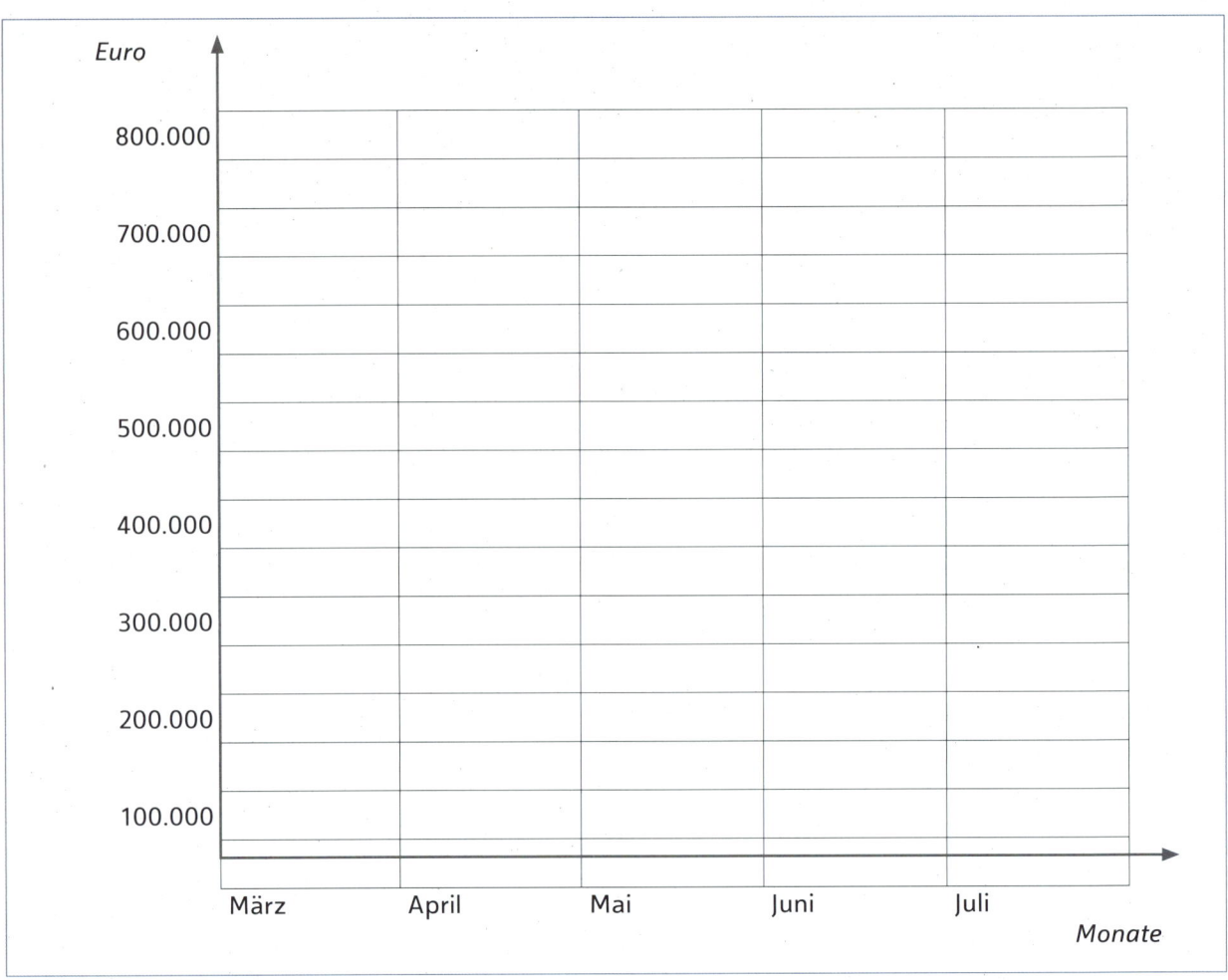

13. Ordnen Sie in der folgenden Tabelle die Absatzzahlen des Artikels der Handelsmarke den einzelnen Phasen des Produktlebenszyklus zu. Geben Sie jeweils drei Merkmale für jede Phase an.

Monat	Umsatz in €	Phase	Merkmale
März			
April			
Mai			

Juni			
Juli			

14. Führen Sie auf, welche Marketingmaßnahmen im März sinnvoll gewesen wären.

_____

_____

_____

_____

15. Geben Sie das Ziel der Sortimentspolitik an.

_____

_____

16. Unterscheiden Sie Sortimentsbreite und -tiefe.

Sortimentsumfang			
Begriff	Bedeutung	Ausprägung	
		viele	_wenige_

17. Geben Sie in der folgenden Tabelle an, welche Möglichkeiten der Sortimentsveränderung es gibt.

Sortimentspolitische Maßnahmen	
Begriff	Erläuterung

Sortimentspolitische Maßnahmen	
Begriff	Erläuterung

18. Schlagen Sie aufgrund des Artikelberichts Maßnahmen für die Fairtext GmbH vor.

_____

_____

_____

_____

_____

VERTIEFUNGS- UND ANWENDUNGSAUFGABEN

Geben Sie in den folgenden Fällen die jeweils angewandte sortiments- oder produktpolitische Maßnahme an.

Fall	Maßnahme
Der Fußballclub „Schnelle Kicker" eröffnet den 20. Fanshop.	
Der Fernsehhersteller Gelbpunkt stellt die Produktion von analogen Fernsehgeräten ein.	
Das Unternehmen Loca-Lola bewirbt jetzt das Getränk auch mit dem Namen Loke.	
Der Motorradhersteller Tamana bietet nun auch Musikinstrumente an.	
Die Profitbank bietet nun auch Versicherungen an.	
Eine Fleischfabrik wirbt auf Würstchendosen auch für andere Produkte des Unternehmens.	

Zur Sicherung des Lernerfolgs und zum Vertiefen der Lernergebnisse empfehlen wir das Bearbeiten der Aufgaben und Aktionen in den Kapiteln 3 und 4 des Lernfeldes 6 in Ihrem Lehrbuch „Groß im Handel, 2. Ausbildungsjahr".

4 Wir wenden Maßnahmen der Distributionspolitik an

HANDLUNGSSITUATION

In der Abteilungssitzung Verkauf:

Herr Raub: *„Gucken wir uns jetzt mal an, wie wir mit distributionspolitischen Maßnahmen die Lage in Rostock verbessern können. Ich habe hier bisher zwei Vorschläge auf dem Tisch liegen: die Initiierung eines zusätzlichen Onlineshops und den Aufbau eines Außendienstes.*

Mein Appell an alle: Was können wir distributionspolitisch vielleicht noch machen?

Frau Molzahn, skizzieren Sie doch noch einmal für die anderen unser Problem mit dem Außendienst."

Frau Molzahn: *„Ja, wir müssen uns entscheiden, ob wir bei unserem zusätzlich angestrebten Umsatz von 200.000,00 € einen Reisenden oder einen Vertreter einsetzen.*

Die Kosten für den Reisenden betragen 4.400,00 € Gehalt pro Monat. Er erhält 1 % Umsatzprovision sowie 400,00 € monatliche Spesen. Der Vertreter erhält 10 % Umsatzprovision und 600,00 € monatliche Spesen."

Informationen zum Lösen der folgenden Handlungsaufgaben finden Sie in Ihrem Lehrbuch „Groß im Handel, 2. Ausbildungsjahr" im Kapitel 5 (Distribution) des Lernfeldes 6.

HANDLUNGSAUFGABEN

1. Geben Sie an, vor welchem Problem die Fairtext GmbH steht.

_____

_____

_____

2. Definieren Sie die Distributionspolitik im Rahmen des Marketings.

_____

_____

_____

3. Unterscheiden Sie zwischen Single-Channel-Distribution und Multi-Channel-Distribution.

Single-Channel-Distribution	Multi-Channel-Distribution

4. Begründen Sie, warum die Fairtext GmbH in der Rostocker Filiale eine Multi-Channel-Distribution vornimmt.

_____

_____

_____

_____

_____

5. Die Fairtext GmbH muss sich beim Außendienst zwischen Reisenden und Vertretern entscheiden. **Ordnen Sie diese den beiden Arten des direkten Vertriebs zu.**

Direktvertrieb		
Begriff		
Arten des direkten Vertriebs	Betriebseigene Vertriebssysteme	Absatzhelfer
Erläuterung		
Beispiele		

6. Entscheiden Sie, ob die Fairtext GmbH einen Reisenden oder einen Vertreter einsetzen sollte. Begründen Sie Ihre Entscheidung.

7. Führen Sie Möglichkeiten des indirekten Vertriebs auf.

Indirekter Vertrieb		
Begriff		
Arten des indirekten Ver-triebs	Handelsunternehmen	Unternehmensgebundene Absatzorgane
Erläuterung		
Beispiele		

8. Die Fairtext GmbH hat sich entschieden als neue sortimentspolitische Maßnahme das Angebost von E-Bikes aufzunehmen (vergleiche Lernsituation 3.3). Skizzieren Sie Möglichkeiten, wie die Fairtext GmbH diese mithilfe des indirekten Vertriebs absetzen könnte.

VERTIEFUNGS- UND ANWENDUNGSAUFGABEN

Zur weiteren Vertiefung und Sicherung des Lernerfolgs empfehlen wir das Bearbeiten der Aufgaben und Aktionen im Kapitel 5 im Lernfeld 6 Ihres Lehrbuches „Groß im Handel, 2. Ausbildungsjahr".

5 Wir setzen Instrumente der Kommunikationspolitik ein

HANDLUNGSSITUATION

Herr Raub eröffnet die heutige Abteilungssitzung.

Herr Raub: *„Wir haben ja entschieden, Produktion und Vertrieb von E-Bikes aufzunehmen. Natürlich werden wir die Einführung mit Werbemaßnahmen begleiten. Die E-Bikes sind ein ganz wichtiges Projekt für uns. Herr Hahnenkamp hat uns neben dem Etat für die eigentliche Werbung weitere finanzielle Mittel für zusätzliche Maßnahmen in Aussicht gestellt, um auf unsere potenziellen Kunden einzuwirken."*

Frau Molzahn: *„Die Fairtext GmbH will also neben der Absatzwerbung weitere kommunikationspolitische Instrumente einsetzen."*

Herr Raub: *„Richtig, und da bitte ich Sie zunächst einmal um Vorschläge, was wir machen können!"*

Nutzen Sie die Informationen im Kapitel 7 (Kommunikationspolitik) im Lernfeld 6 Ihres Lehrbuches „Groß im Handel, 2. Ausbildungsjahr".

HANDLUNGSAUFGABEN

1. Führen Sie auf, vor welchem Problem die Fairtext GmbH steht.

_____

_____

_____

_____

2. Erläutern Sie den Begriff Kommunikationspolitik.

_____

_____

_____

_____

_____

_____

3. a) Geben Sie die verschiedenen Teilinstrumente, die die Fairtext GmbH im Rahmen der Kommunikationspolitik grundsätzlich anwenden könnte, an und definieren Sie diese kurz.

b) Führen Sie mehrere Beispiele für das jeweilige Teilinstrument auf.

c) Schlagen Sie für jedes Teilinstrument eine Maßnahme vor, die die Fairtext GmbH ergreifen könnte.

Kommunikationspolitik							
Teilin-stru-ment							
Merk-male							
Bei-spiele							

Kommunikationspolitik							
Teilin-stru-ment							
Vor-schlag für die Fair-text GmbH							

VERTIEFUNGS- UND ANWENDUNGSAUFGABEN

Zur Vertiefung der Lerninhalte und zur Sicherung des Lernerfolgs empfehlen wir das Bearbeiten der Aufgaben und Aktionen im Kapitel 7 des Lernfeldes 6 in Ihrem Lehrbuch „Groß im Handel, 2. Ausbildungsjahr".

6 Wir erstellen einen Werbeplan unter Beachtung der Werbegrundsätze, der Werbemittel und der Werbeträger

HANDLUNGSSITUATION

Die Fairtext GmbH hat in den letzten Jahren zunehmend Konkurrenz bekommen. Sowohl bei den Großhandlungen als auch in dem seit einigen Jahren existierenden Onlineshop ist die Zahl der Mitbewerber größer geworden. Vor allem in der Hauptfiliale Hannover sind die Umsätze in der Damenmode in den letzten Monaten zurückgegangen.

Die Geschäftsführerin, Viktoria Schröter, möchte daher die Kommunikation zu den Kunden verbessern. In diesem Zusammenhang spricht sie von einer „verbesserten Außenwirkung", die mit Werbung erreicht werden soll.

Seitens der Geschäftsleitung ist somit für das kommende Jahr ein Werbebudget von 12.000,00 € bereitgestellt worden. Nach Ansicht von Viktoria Schröter kann Werbung nur dann erfolgreich sein, wenn zunächst ein Werbeziel gesetzt wird, dessen Umsetzung dann systematisch unter Berücksichtigung der Kosten geplant wird.

Die Auszubildenden Anne Schulte und Mete Öczan bekommen daher einen sehr komplexen Auftrag:

Sie sollen in den kommenden Wochen einen Werbeplan für die Hauptfiliale im Bereich „Damenmode" erstellen.

Zunächst sollen sich die Auszubildenden auf den Markt in Hannover beziehen, weil an dem Standort kürzlich ganz in der Nähe ein Mitbewerber eine neue Filiale eröffnet hat. Zu berücksichtigen ist dabei auch das geplante Werbebudget von 12.000,00 €.

Informationen zum Lösen der folgenden Handlungsaufgaben finden Sie im Lehrbuch „Groß im Handel", 2. Ausbildungsjahr in den Kapiteln 8 (Werbearten), 9 (Gesetzliche Regelungen des Wettbewerbs), 10 (Werbeplan und Werbeerfolgskontrolle) und 11 (Werbemittel und Werbeträger) des Lernfeldes 6.

HANDLUNGSAUFGABEN

1. Welche Probleme müssen Anne und Mete klären?

2. Im Marketing ist von der „Kommunikationspolitik" die Rede. Nennen Sie nachfolgend fünf Maßnahmen der Kommunikationspolitik und erläutern Sie diese mit einem Beispiel aus der Fairtext GmbH.

Maßnahme	Erläuterung

3. Die stellvertretende Vorstandsvorsitzende Viktoria Schröter hat sich entschieden, Absatzwerbung zu betreiben. **Warum hält sie diese kommunikationspolitische Maßnahme für notwendig? Nennen Sie fünf Gründe.**

_____

_____

_____

_____

_____

4. Welche Ziele verfolgt die Fairtext GmbH mit den von Ihnen vorgeschlagenen Maßnahmen?

Maßnahme	Ziel

5. Anne Schulte und Mete Öczan sind bereits seit einiger Zeit mit grundsätzlichen Fragen der Werbung beschäftigt. Bei der Erstellung eines Werbeplans bekommen sie nun von Frau Schröter den Auftrag, geeignete Werbemittel bzw. Werbeträger zu finden. Nachfolgend legt Frau Schröter den Auszubildenden verschiedene Begriffe vor:

a) **Definieren Sie die Begriffe Werbemittel und Werbeträger.**

b) **Ordnen Sie die oben stehenden Werbemittel und Werbeträger entsprechend zu.**

	Werbemittel	Werbeträger
Definition		
Zuordnung		

6. Anne Schulte und Mete Öczan wollen nun einen Werbeplan für die die Hauptfiliale Hannover im Bereich „Damenmode" erstellen. Ein Werbeplan kann als Antwort auf sieben Fragen bezeichnet werden. Nachfolgend ist eine Tabelle mit den sieben Fragen und einer kurzen Erläuterung dargestellt.

a) **Erläutern Sie die sieben Fragen jeweils kurz.**

b) **Entwickeln Sie konkrete Vorschläge zur Umsetzung für die Fairtext GmbH.**

c) **Begründen Sie Ihre getroffenen Entscheidungen kurz.**

Frage	Vorschläge	Begründung
Wer?		
(sagt) was?		
mit welchem Ziel?		
wann?		
wem?		
wo?		
wie?		

7. Die stellvertretende Vorstandsvorsitzende Viktoria Schröter findet die Vorschläge von Anne Schulte und Mete Öczan gut. Als Werbemittel möchte Frau Schröter entweder einen Werbespot in Radio oder TV schalten oder eine Zeitungsanzeige in verschiedenen Printmedien.

a) **Erstellen Sie mittels Internetrecherche eine Übersicht über verschiedene Medien, indem Sie die Reichweite des jeweiligen Mediums definieren und die entsprechenden Kosten ermitteln (z. B. unter https:// www.ifd-allensbach.de/awa/medien/uebersicht.html).**

b) **Welche Zielgruppen werden von den angegebenen Radio- und Fernsehsendern definiert?**

c) **Vergleichen Sie die jeweiligen Zielgruppen mit der Zielgruppe der Fairtext GmbH.**

d) **Warum gibt es so große Preisunterschiede zwischen den Printmedien sowie bei den TV- und Radiosendern zu verschiedenen Zeiten?**

e) **Welche Medien sollte die Fairtext GmbH Ihrer Meinung nach einsetzen, um unter Berücksichtigung des Werbebudgets von 12.000,00 € die definierten Ziele zu erreichen? Begründen Sie Ihre Entscheidung.**

a) **Informationen ausgewählter Medien (die Preise können variieren)**

Medium	Reichweite	Einheit	Kosten je Einheit
Printmedien			
Überregional			
Spiegel		$^1/_1$-Seite Farbe	
	(Über 14-Jährige in Mio.)	$^1/_8$-Seite Farbe	
Stern		$^1/_1$-Seite Farbe	
	(Über 14-Jährige in Mio.)	$^1/_8$-Seite Farbe	
Fokus		$^1/_1$-Seite Farbe	
	(Über 14-Jährige in Mio.)	$^1/_8$-Seite Farbe	
Regional			
	(Über-14-Jährige in Mio.)	$^1/_1$-Seite 4-farbig	
		$^1/_1$-Seite s/w	
		$^1/_2$-Seite ca.	
	(Über 14-Jährige in Mio.)	$^1/_1$-Seite 4-farbig	
		$^1/_1$-Seite s/w	
		$^1/_2$-Seite	
	(Über 14-Jährige in Mio.)	$^1/_1$-Seite 4-farbig	
		$^1/_1$-Seite s/w	
		$^1/_2$-Seite	
Radio			
NDR 2		Werbespot, Sekundenpreis	
	Hörer pro Stunde		
FFN		Werbespot, Sekundenpreis	
	Hörer pro Stunde		

Medium	Reichweite	Einheit	Kosten je Einheit
Radio (Fortsetzung)			
Hit-Radio Antenne Niedersachsen	_____ Hörer pro Stunde	Werbespot, Sekundenpreis	
Fernsehen			
ARD	_____	Werbespot, Sekundenpreis	
ZDF	_____	Werbespot, Sekundenpreis	
RTL	Technische Reichweite: _____	Werbespot, Sekundenpreis	
Pro7	Technische Reichweite: _____	Werbespot, Sekundenpreis	

b) Zielgruppen

Sender	Zielgruppen (Alter)
Radio	
NDR 2	_____
FFN	_____
Antenne Niedersachsen	_____
Fernsehen	
ARD	_____
ZDF	_____
RTL	_____
Pro7	_____

c) Vergleich der Zielgruppen mit der Zielgruppe der Fairtext GmbH

_____

_____

_____

_____

_____

d) Warum gibt es so große Preisunterschiede zwischen den Printmedien sowie bei den TV- und Radiosendern zu verschiedenen Zeiten?

Printmedien:

TV und Radio:

e) Welche Medien sollte die Fairtext GmbH Ihrer Meinung nach einsetzen, um unter Berücksichtigung des Werbebudgets von 12.000,00 € die definierten Ziele zu erreichen? **Begründen Sie Ihre Entscheidung.**

VERTIEFUNGS- UND ANWENDUNGSAUFGABEN

Zur weiteren Vertiefung der Lerninhalte und Sicherung der Lernergebnisse empfehlen wir das Bearbeiten der Aufgaben und Aktionen in den Kapiteln 8, 9, 10 und 11 des Lernfeldes 6 Ihres Lehrbuches „Groß im Handel", 2. Ausbildungsjahr.

7 Wir bewerten den Erfolg der Werbemaßnahmen

HANDLUNGSSITUATION

Die Fairtext GmbH hat sich dafür entschieden, eine Werbekampagne für die Hauptfiliale Hannover im Bereich „Damenmode" über einen Zeitraum von 12 Wochen (von September bis Dezember) in der regionalen Tageszeitung „Hannoversche Nachrichten" zu schalten. Hier sind verschiedene Werbeanzeigen mit unterschiedlichen Angeboten und Aussagen zum Unternehmen bzw. zu den Produkten erschienen.

In einer Untersuchung hat die Fairtext GmbH in einem aufwendigen Verfahren verschiedene Kennziffern erhoben. Außerdem haben sich Anne Schulte und Mete Öczan informiert, wie hoch die Samstagsauflage der „Hannoverschen Nachrichten" ist. Folgende Daten sind dabei ermittelt worden:

Auflage der Zeitung:	90 000 Menschen
Reichweite/Zahl der Leser:	150 000 Menschen
Zahl der Personen, die auf die Werbung aufmerksam geworden sind:	65 000 Menschen
Zahl der Personen, die sich für die beworbene Ware interessieren:	7 000 Menschen
Zahl der Personen, die die beworbene Ware gern kaufen würden:	5 000 Menschen
Zahl der Personen, die die beworbene Ware tatsächlich kaufen:	1 800 Menschen

Es wurde ein Werbebudget von 12.000,00 € für diese Werbekampagne investiert. Im Bereich „Damenmode" wurden dabei folgende Umsatzentwicklungen festgestellt:

Monat	Vorjahr	Aktuelles Jahr
September	86.500,00 €	82.200,00 €
Oktober	97.100,00 €	96.000,00 €
November	103.800,00 €	112.800,00 €
Dezember	125.000,00 €	135.000,00 €

Anne Schulte und Mete Öczan sollen nun untersuchen, ob die eingesetzte Werbekampagne für die Hauptfiliale im Bereich „Damenmode" auch den gewünschten Erfolg erzielt hat. Dabei gehen die zwei zunächst auf verschiedene Fragen zur Werbeerfolgskontrolle ein.

Informationen zum Lösen der folgenden Handlungsaufgaben finden Sie im Lehrbuch „Groß im Handel, 2. Ausbildungsjahr" in Kapitel 10 (Werbeplan und Werbeerfolgskontrolle) des Lernfeldes 6.

HANDLUNGSAUFGABEN

1. Welche Probleme müssen Anne und Mete klären?

2. Nennen Sie drei Möglichkeiten, wie die Fairtext GmbH Kennziffern erheben kann, und erläutern Sie diese kurz.

_____

_____

_____

_____

_____

_____

3. Bei der Überprüfung der Werbewirkung hat die Fairtext GmbH nach dem AIDA-Prinzip gehandelt. Dem Werbenden muss es gelingen, die Werbebotschaft so auszusenden, dass sich die umworbene Person angesprochen fühlt. Letztlich soll es zum Kauf kommen.
a) **Erläutern Sie dieses AIDA-Prinzip.**
b) **Finden Sie für jeden AIDA-Teilbereich drei Beispiele, Maßnahmen oder Aktivitäten, die in der Werbung eingesetzt werden.**

AIDA-Prinzip	Erläuterung	Beispiele
Attention = Aufmerksamkeit		
Interest = Interesse		
Desire = Verlangen		
Action = Handlung		

4. Bei der Werbeerfolgskontrolle wird von einem ökonomischen Werbeerfolg und einem außerökonomischen Werbeerfolg gesprochen.
Was verstehen Sie unter diesen beiden Begriffen?

Werbeerfolgskontrolle	Erklärung
ökonomischer Werbeerfolg	

Werbeerfolgskontrolle	Erklärung
außerökonomischer Werbeerfolg	

5. Frau Schröter möchte von Anne Schulte und Mete Öczan wissen, ob sich die in der Handlungssituation dargestellte Werbekampagne ökonomisch gelohnt hat.

a) **Berechnen Sie die prozentuale Umsatzentwicklung für jeden Monat und für alle vier Monate in Bezug auf das Vorjahr.**

Monat	Vorjahr	Aktuelles Jahr	Differenz	Veränderung in %
September	86.500,00 €	82.200,00 €		
Oktober	97.100,00 €	96.000,00 €		
November	103.800,00 €	112.800,00 €		
Dezember	125.000,00 €	135.000,00 €		

b) **Hat sich der Einsatz des Werbebudgets insgesamt gelohnt? Bestimmen Sie die entsprechende Kennzahl** (vgl. Formel zum Werbeerfolg im Kapitel 6.11 im Lehrbuch).

c) Frau Schröter sagt: „Im September und Oktober sind unsere Umsätze ja noch zurückgegangen – da hätten wir uns ja die Werbung sparen können." **Stimmen Sie Frau Schröter zu? Begründen Sie Ihre Antwort.**

d) Anne und Mete meinen, die Umsatzsteigerung sei nur auf die Werbekampagne zurückzuführen. **Welche Faktoren könnten den Umsatz noch beeinflusst haben?**

6. Aus der AIDA-Formel sind Kennziffern entwickelt worden, die die Wirksamkeit des außerökonomischen Werbeerfolgs messen.

a) **Berechnen Sie die Kennziffern zur Werbewirkung für die Hauptfiliale Hannover im Bereich „Damenmode"** (vgl. Handlungssituation).

AIDA-Prinzip	Formel	Berechnung (Zielgruppe: Zahl der Leser)
Attention =	$\dfrac{\text{(Zahl der Adressaten)}}{\text{(Gesamtzahl der Zielgruppe)}}$	
Interest =	$\dfrac{\text{(Zahl der Interessenten)}}{\text{(Gesamtzahl der Zielgruppe)}}$	
Desire =	$\dfrac{\text{(Zahl der Überzeugten)}}{\text{(Gesamtzahl der Zielgruppe)}}$	
Action =	$\dfrac{\text{(Zahl der zusätzlichen Käufer)}}{\text{(Gesamtzahl der Zielgruppe)}}$	

b) Eine Weisheit im Großhandel lautet: „Interesse heißt noch lange nicht Kauf." **Erläutern Sie diesen Satz unter Berücksichtigung Ihrer Ergebnisse aus a).**

VERTIEFUNGS- UND ANWENDUNGSAUFGABEN

1. **Was ist das Ziel der Werbeerfolgskontrolle?**

2. Wann wird eine Werbeerfolgskontrolle durchgeführt?

_____

_____

3. Wie kann der Werbeerfolg gemessen werden?

_____

_____

_____

_____

4. Was sind die Probleme der Werbeerfolgskontrolle?

_____

_____

_____

_____

5. Bei der Überprüfung der Werbewirkung handelt die Fairtext GmbH nach dem AIDA-Prinzip. Analysieren Sie den nachstehenden Werbespot mithilfe der Analysefragen, um sich das AIDA-Prinzip nochmals zu vergegenwärtigen.

Arbeitshinweise:
– Öffnen Sie die Internetseite www.youtube.com (PC oder Smartphone; eigene Kopfhörer verwenden) und geben Sie in die Suchmaske „Amazon Prime – kleines Pferd" ein.
– Wählen Sie die Version mit einer Dauer von 0:31 Sekunden an. Eine längere Version ist auch denkbar.
– Um einen ersten Überblick zu erhalten, schauen Sie sich den Werbespot 1x vollständig an.
– Im Anschluss analysieren Sie den Werbespot anhand der folgenden Leitfragen:

a) Warum könnten die ersten fünf Sekunden in dem Werbespot bedeutsam sein und b) Wie versucht Amazon diese zu gestalten?

_____

_____

_____

_____

_____

_____

c) Die ersten Sekunden des Werbespots sind vorbei. Was führt dazu, dass Sie sich den Werbespot weiter angucken?

d) Was wird im Werbespot dafür getan, dass Sie sich für Amazon Prime als Dienstleistung entscheiden?

e) **Warum könnten die letzten fünf Sekunden in dem Werbespot bedeutsam sein und f) Wie versucht Amazon diese zu gestalten?**

Zur weiteren Vertiefung der Lerninhalte und Sicherung der Lernergebnisse empfehlen wir das Bearbeiten der Aufgaben und Aktionen in Kapitel 10 des Lernfeldes 6 in Ihrem Lehrbuch „Groß im Handel, 2. Ausbildungsjahr".

8 Wir führen Maßnahmen zur Kundenbindung durch

HANDLUNGSSITUATION

Die Geschäftsführerin Viktoria Schröter, ist mit der Erstellung des Werbeplans und der Untersuchung der Werbewirkung von Anne Schulte und Mete Öczan sehr zufrieden.

Neben der Werbung gibt es noch weitere Möglichkeiten, den Umsatz zu sichern bzw. zu erhöhen. Eine Möglichkeit ist die Kundenbindung. Diese wird oft durch das Anbieten von Kundendienstleistungen erreicht.

Frau Schröter hält den Auszubildenden dazu einen kurzen Vortrag. Am Whiteboard steht hinterher die folgende Skizze:

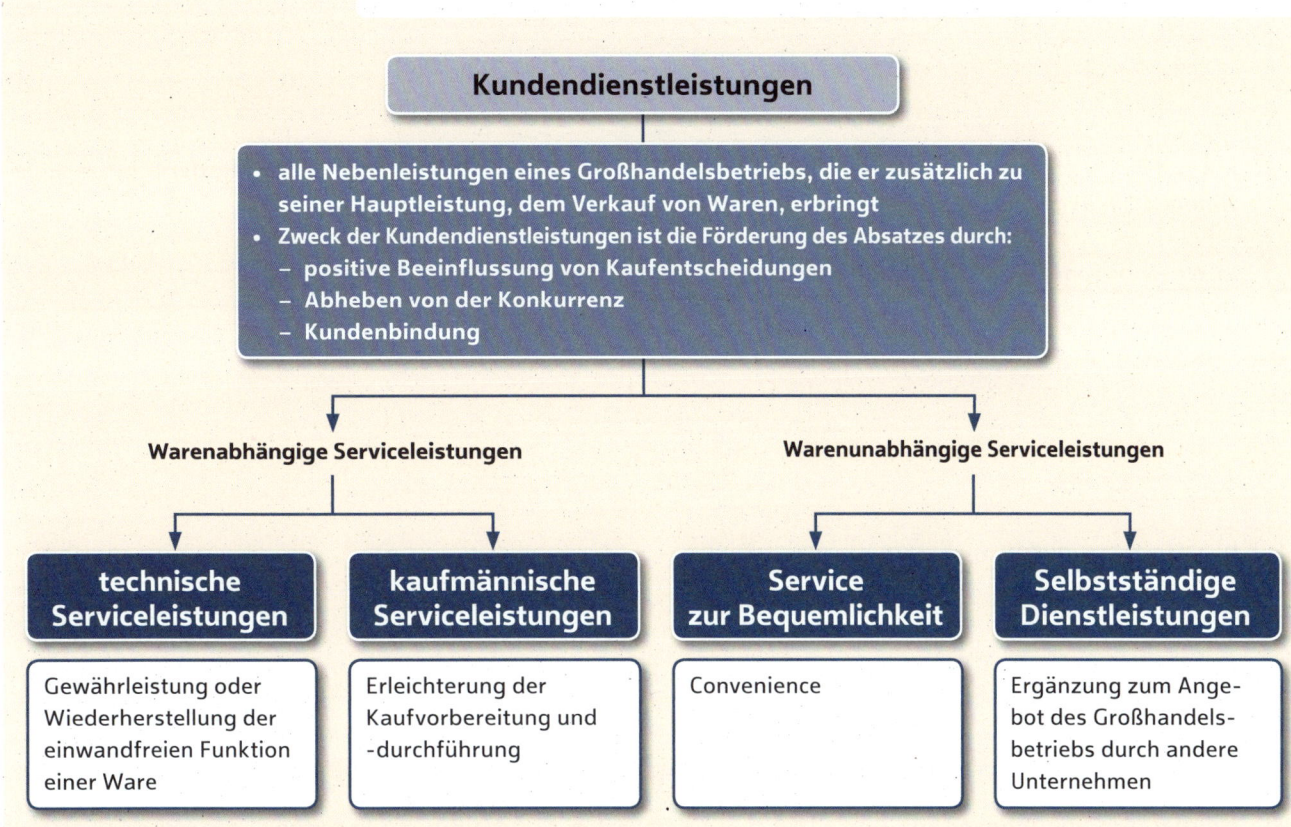

Die Auszubildenden Anne Schulte und Mete Öczan bekommen nun von Frau Schröter den Auftrag, Vorschläge zur Kundenbindung für die Fairtext GmbH zu entwickeln.

Informationen zum Lösen der folgenden Handlungsaufgaben finden Sie im Lehrbuch „Groß im Handel, 2. Ausbildungsjahr" im Kapitel 4 (Sortimentspolitik)des Lernfeldes 6.

HANDLUNGSAUFGABEN

1. **Welche Probleme müssen Anne und Mete klären?**

_____

_____

_____

_____

2. **Warum ist die Bindung der Kunden an die Fairtext GmbH so wichtig?**

_____

_____

_____

3. Für die Fairtext GmbH sind Kundendienstleistungen ein wichtiger Bestandteil der Kundenbindung. Definieren Sie in dem Zusammenhang folgende Begriffe:

a) Warenbezogene Kundendienstleistungen

b) Nicht warenbezogene Kundendienstleistungen

4. Nennen Sie warenbezogene und nicht warenbezogene Kundendienstleistungen, die bei der Fairtext GmbH zum Einsatz kommen könnten.

Warenbezogene Kundendienstleistungen	Nicht warenbezogene Kundendienstleistungen

5. Für die Hauptfiliale Hannover ist im Bereich „Damenmode" in der Vergangenheit festgestellt worden, dass es viele Einmalkäufer gab und die Kundenbindung daher hier sehr gering war. Anne Schulte und Mete Öczan sollen nun Vorschläge machen, wie die Kundenbindung hier erhöht werden kann.

a) **Welche (mindestens sechs) Kundenbindungsmaßnahmen können für die Hauptfiliale im Bereich „Damenmode" empfohlen werden? Unterscheiden Sie dabei auch zwischen warenbezogenen und nicht warenbezogenen Kundendienstleistungen.**

b) **Begründen und erläutern Sie Ihre getroffenen Entscheidungen.**

Kundenbindungsmaßnahmen	Begründung/Erläuterung
Warenbezogene Kundendienstleistungen	
Nicht warenbezogene Kundendienstleistungen	

VERTIEFUNGS- UND ANWENDUNGSAUFGABEN

Zur weiteren Vertiefung der Lerninhalte und Sicherung der Lernergebnisse empfehlen wir das Bearbeiten der Aufgaben und Aktionen im Kapitel 4 des Lernfeldes 6 in Ihrem Lehrbuch „Groß im Handel, 2. Ausbildungsjahr".

9 Wir informieren uns über ethische und gesetzliche Grenzen der Werbung

HANDLUNGSSITUATION

Die Fairtext GmbH hat in den letzten Jahren zunehmend Konkurrenz bekommen. Vor allem in der Hauptfiliale Hannover sind die Umsätze in der Damenmode in den letzten Monaten zurückgegangen. Konkurrenz sind zum einen neue Internetshops, bei denen auch Stammkunden bestellen. Außerdem ist vor Kurzem in der Nachbarschaft ein weiteres Großhandelsunternehmen, das Damenmoden vertreibt (Großhandel Meyermann), eröffnet worden, das viele Kunden anzieht.

Zwar greifen bereits einige der unternommenen Werbemaßnahmen, doch der Geschäftsführer Herr Hahnenkamp ist nicht zufrieden mit dem bisherigen Verlauf. Anne Schulte und Mete Özcan haben da eine Idee: Sie wollen die Konkurrenz mit gezielten Werbeslogans schwächen:

1. „Großhändler Meyermann verkauft nur zweitklassige Ware"

2. „Onlineshopping bequem zu Hause? –
   Das schnelle Geld oder doch lieber die gute Beratung bei Fairtext?"

Herr Hahnenkamp: *„Grundsätzlich finde ich es gut, dass Sie Ihre Ideen einbringen. Aber bedenken Sie auch, dass*

Werbung ethische und gesetzliche Grenzen hat."

Die beiden werden damit beauftragt, im Rahmen der ethischen und gesetzlichen Grenzen Werbeslogans zu entwickeln, die zu einer besseren Marktposition der Fairtext GmbH führen sollen.

Informationen zum Lösen der folgenden Handlungsaufgaben finden Sie im Lehrbuch „Groß im Handel, 2. Ausbildungsjahr" in Kapitel 9 (Gesetzliche Regelungen des Wettbewerbs) des Lernfeldes 6.

HANDLUNGSAUFGABEN

1. **Welche Probleme müssen Anne und Mete klären?**

2. Beurteilen Sie die zwei von Anne Schulte und Mete Özcan zunächst entwickelten Werbeslogans nach Ihren moralisch-ethischen Vorstellungen, den gesetzlichen Vorschriften und dem Nutzen für die Fairtext GmbH.

„Großhändler Meyermann verkauft nur zweitklassige Ware"

_____

_____

_____

_____

_____

_____

„Onlineshopping bequem zu Hause? –
Das schnelle Geld oder doch lieber die gute Beratung bei Fairtext?"

_____

_____

_____

_____

_____

_____

_____

3. Warum sollten Anne und Mete die Werbung frei von unzutreffenden Behauptungen, Übertreibungen und Entstellungen von Tatsachen entwickeln?

_____

_____

_____

4. Frau Schröter von der Fairtext GmbH erklärt Anne und Mete, dass menschliche Entscheidungen überwiegend emotional getroffen werden und seltener (ca. zu 25 %) rational, d. h. mit dem Verstand. Daher spricht die Werbung häufig nur die Emotionen an und seltener den Verstand.

a) **Wie nennt sich diese Art der Werbung?**

_____

b) **Definieren Sie diesen Begriff.**

_____

_____

113

c) **Nennen Sie drei Gefahren für die Kunden der Fairtext GmbH, die mit dieser Art der Werbung verbunden sind.**

_____

_____

_____

_____

_____

5. Es wird zwischen emotionaler Werbung und informierender Werbung unterschieden. **Finden Sie für die nachfolgenden Artikel jeweils fünf Slogans für emotionale und informierende Werbung.**

Artikel	Emotionale Werbung/Slogans	Informierende Werbung/Slogans
Spülmittel		
Parfüm		
Auto		
Bier		
Schokolade		

6. Neben den moralischen Aspekten müssen Anne und Mete auch gesetzliche Bestimmungen bei der Werbung beachten. Ein Grundprinzip in der sozialen Marktwirtschaft ist der Wettbewerb. Als „Regelwerk" für den Wettbewerb gibt es hier das Gesetz gegen den unlauteren Wettbewerb (UWG).
Wovor schützt das UWG grundsätzlich?

_____

_____

_____

_____

7. Anne Schulte und Mete Özcan werden nun damit beauftragt, im Rahmen der ethischen und gesetzlichen Grenzen Werbeslogans zu entwickeln, die zu einer besseren Marktposition der Fairtext GmbH führen sollen. Dabei sollen sie die Konkurrenz im Internet (neue Onlineshops) sowie das neue Großhandelsunternehmen aus der Modebranche (Großhändler Meyermann) berücksichtigen.

a) In der Hauptfiliale Hannover soll für die Damenmode in einer ganzseitigen Zeitungsanzeige wöchentlich mit markanten Slogans geworben werden. **Erstellen Sie dazu für den kommenden Monat (vier Wochen) Slogans, die sich auf einzelne Produkte der Damenmode oder auf die Fairtext GmbH insgesamt beziehen sollen.**

b) **Begründen Sie Ihre Entscheidungen.**

Slogan	Begründung

VERTIEFUNGS- UND ANWENDUNGSAUFGABEN

1. Nennen Sie die grundsätzlichen Bestimmungen, die in § 3 UWG (Generalklausel) angeführt sind.

2. Im Anhang des UWG sind geschäftliche Handlungen gegenüber Verbrauchern aufgeführt, die stets unzulässig sind. Man spricht in dem Zusammenhang auch von der sogenannten „Schwarzen Liste". **Finden Sie für jede dieser 27 aufgeführten Handlungen ein Beispiel aus der Praxis. (Alternativ: Bilden Sie zwei mal drei Gruppen in der Klasse und bearbeiten Sie jeweils neun Handlungen.)**

Schwarze Liste	
verbietet in jedem Fall:	**BEISPIELE**
… die unwahre Angabe eines Unternehmens, zu den Unterzeichnern eines Verhaltenskodexes zu gehören.	
… die Verwendung von Gütezeichen, Qualitätskennzeichen usw. ohne die erforderliche Genehmigung.	
… die unwahre Angabe, dass eine öffentliche oder andere private Stelle – einen Verhaltenskodex, – eine von einem Unternehmen vorgenommene geschäftliche Handlung bzw. – eine Ware oder Dienstleistung genehmigt, bestätigt oder gebilligt hat.	
… Angebote für Waren und Dienstleistungen zu einem bestimmten Preis, – falls nicht darüber aufgeklärt wird, dass diese nicht in angemessener Menge in einem angemessenen Zeitraum bereitgestellt werden können. Diese Art Angebote nennt man Lockvogelangebote. Es sind Angebote, die man nicht halten kann. – wenn das Unternehmen in der Absicht, stattdessen eine andere Ware oder Dienstleistung abzusetzen, etwas Fehlerhaftes vorführt, sich weigert zu zeigen, was es beworben hat, oder sich weigert, Bestellungen dafür anzunehmen oder die beworbene Leistung innerhalb einer vertretbaren Zeit zu erbringen.	
… die unwahre Angabe, bestimmte Waren oder Dienstleistungen seien nur für einen sehr begrenzten Zeitraum verfügbar, um den Verbraucher zu einer sofortigen geschäftlichen Entscheidung zu veranlassen, ohne dass dieser Zeit und Gelegenheit hat, sich aufgrund von Informationen zu entscheiden.	
…, bei Kundendienstleistungen eine andere Sprache zu verwenden als diejenige, in der die Verhandlungen vor dem Abschluss des Geschäfts geführt worden sind. Dies gilt nicht, soweit Verbraucher vor dem Abschluss des Geschäfts darüber aufgeklärt werden, dass diese Leistungen in einer anderen als der ursprünglich verwendeten Sprache erbracht werden.	
… die unwahre Angabe oder das Erwecken des unzutreffenden Eindrucks, eine Ware oder Dienstleistung sei verkehrsfähig.	

verbietet in jedem Fall:	BEISPIELE
… die unwahre Angabe oder das Erwecken des unzutreffenden Eindrucks, gesetzlich bestehende Rechte stellten eine Besonderheit des Angebots dar.	
… als Information getarnte Werbung (Schleichwerbung): Nicht erlaubt ist der von Unternehmern finanzierte Einsatz redaktioneller Inhalte zu Zwecken der Verkaufsförderung, ohne dass sich dieser Zusammenhang aus dem Inhalt oder aus der Art der optischen oder akustischen Darstellung eindeutig ergibt.	
… unwahre Angaben über Art und Ausmaß einer Gefahr für die persönliche Sicherheit des Verbrauchers oder seiner Familie für den Fall, dass er die angebotene Ware nicht erwirbt oder die angebotene Dienstleistung nicht in Anspruch nimmt.	
… Werbung für eine Ware oder Dienstleistung, die der Ware oder Dienstleistung eines Mitbewerbers ähnlich ist, wenn dies in der Absicht geschieht, über die betriebliche Herkunft der beworbenen Ware oder Dienstleistung zu täuschen.	
… die Einführung, der Betrieb oder die Förderung eines Systems zur Verkaufsförderung, das den Eindruck vermittelt, allein oder hauptsächlich durch die Einführung weiterer Teilnehmer in das System könne eine Vergütung erlangt werden (Schneeball- oder Pyramidensystem).	
… die unwahre Angabe, der Unternehmer werde demnächst sein Geschäft aufgeben oder seine Geschäftsräume verlegen.	
… die Angabe, durch eine bestimmte Ware oder Dienstleistung ließen sich die Gewinnchancen bei einem Glücksspiel erhöhen.	
… die unwahre Angabe oder das Erwecken des unzutreffenden Eindrucks, der Verbraucher habe bereits einen Preis gewonnen oder werde ihn gewinnen, – wenn es einen solchen Preis oder Vorteil tatsächlich gar nicht gibt bzw. – wenn die Möglichkeit, einen Preis oder sonstigen Vorteil zu erlangen, von der Zahlung eines Geldbetrags oder der Übernahme von Kosten abhängig gemacht wird.	
… die unwahre Angabe, eine Ware oder Dienstleistung könne Krankheiten, Funktionsstörungen oder Missbildungen heilen.	
… eine unwahre Angabe über die Marktbedingungen oder Bezugsquellen, um den Verbraucher dazu zu bewegen, eine Ware zu weniger günstigen Bedingungen als den allgemeinen Marktbedingungen abzunehmen.	

verbietet in jedem Fall:	BEISPIELE
… das Angebot eines Wettbewerbs oder Preisausschreibens, wenn weder die in Aussicht gestellten Preise noch ein angemessener Ersatz vergeben werden.	
… das Angebot einer Ware oder Dienstleistung als „gratis", „umsonst", „kostenfrei" oder dergleichen, wenn hierfür gleichwohl Kosten zu tragen sind. Dies gilt nicht für Kosten, die im Zusammenhang mit dem Eingehen auf das Waren- oder Dienstleistungsangebot oder für die Abholung oder Lieferung der Ware oder die Inanspruchnahme der Dienstleistung unvermeidbar sind.	
… die Übermittlung von Werbematerial unter Beifügung einer Zahlungsaufforderung, wenn damit der unzutreffende Eindruck vermittelt wird, die beworbene Ware oder Dienstleistung sei bereits bestellt.	
… die unwahre Angabe, der Unternehmer sei Verbraucher oder nicht für Zwecke seines Geschäfts, Handels, Gewerbes oder Berufs tätig.	
… die unwahre Angabe, es sei im Zusammenhang mit Waren oder Dienstleistungen in einem anderen Mitgliedstaat der Europäischen Union als dem des Warenverkaufs oder der Dienstleistung ein Kundendienst verfügbar.	
… die Ausübung von Druck, – indem der Eindruck erweckt wird, der Verbraucher könne bestimmte Räumlichkeiten nicht ohne vorherigen Vertragsabschluss verlassen, – indem bei persönlichem Besuch des Verbrauchers sich geweigert wird, diesen zu verlassen.	
… Maßnahmen, durch die der Verbraucher von der Durchsetzung seiner vertraglichen Rechte aus einem Versicherungsverhältnis dadurch abgehalten werden soll, dass von ihm bei der Geltendmachung seines Anspruchs die Vorlage von Unterlagen verlangt wird, die zum Nachweis dieses Anspruchs nicht erforderlich sind, oder dass Schreiben zur Geltendmachung eines solchen Anspruchs systematisch nicht beantwortet werden.	
… die Aufforderung an Kinder, Produkte zu kaufen oder Eltern zum Kauf zu überreden.	
… die Aufforderung zur Bezahlung nicht bestellter Waren bzw. eine Aufforderung zur Rücksendung oder Aufbewahrung nicht bestellter Sachen .	
… die ausdrückliche Angabe, dass der Arbeitsplatz oder Lebensunterhalt des Unternehmers gefährdet sei, wenn der Verbraucher die Ware oder Dienstleistung nicht abnimmt.	

Zur weiteren Vertiefung der Lerninhalte und Sicherung der Lernergebnisse empfehlen wir das Bearbeiten der Aufgaben und Aktionen in Kapitel 9 des Lernfeldes 6 in Ihrem Lehrbuch „Groß im Handel, 2. Ausbildungsjahr".

10 Wir unterscheiden und entwickeln Preisstrategien

HANDLUNGSSITUATION

Frau Eisenberg, Sachbearbeiterin im Verkauf der Fairtext GmbH, bittet Sebastian Holpert darum, dass er sich mit einer Preisaktion der Konkurrenz befasst. Die Preise der Konkurrenz liegen weit unter denen der Fairtext GmbH. Hierzu hat Frau Eisenberg folgende Informationen über ein paar ausgewählte Artikel vorliegen:

Artikel	Damen-Feinkniestrümpfe, alle Farben und Größen	Herren-Skijacke Feuer & Eis, Modell: Yosemite Deluxe	Damen-Thermounterhemd von Outback, weiß
Preis Weinberg AG normal	0,89 €	329,00 €	12,99 €
Preis Weinberg AG laut aktuellem Angebot	0,89 €	299,00 €	8,99 €
Preis Fairtext GmbH normal	0,99 €	329,00 €	11,99 €

Frau Eisenberg möchte wissen, wie die Konkurrenz sich eine solche Preisbildung leisten kann und welches Ziel sie hiermit verfolgt. Sie bittet Sebastian also darum, dass er ihr am Nachmittag die Ergebnisse seiner Nachforschungen präsentiert.

Sebastians Recherchen in der einschlägigen Fachliteratur führen ihn zu folgendem Informationstext:

Grundlagen der Preisbildung

Verschiedene Faktoren beeinflussen den Preis. Insbesondere sind natürlich das Angebot und die Nachfrage als solche Faktoren zu nennen, aber auch betriebliche Ziele und Vorgaben, Kosten und die Konkurrenz sind als solche zu beachten und somit auch in der Preiskalkulation zu berücksichtigen.

Die Marktverhältnisse können so sein, dass für den Unternehmer bezüglich der Bestimmung des Verkaufspreises kein Spielraum besteht (Verkaufspreis vorgegeben), dass der Bezugspreis für bestimmte Produkte durch die Lieferer vorgegeben wird, da diese z. B. eine große Marktmacht besitzen (Bezugspreis vorgegeben), oder dass sowohl Bezugs- als auch Verkaufspreis vorgegeben sind.

In jeder dieser Situationen sind dem Großhändler unterschiedliche Rahmenbedingungen für seine Kalkulation vorgegeben, da er unterschiedliche Kalkulationsgrößen nicht beeinflussen kann. Somit ist jeweils ein anderes Vorgehen zur Ermittlung des Preises (Kalkulationsverfahren) erforderlich. Bei den Kalkulationsverfahren darf nie außer Acht gelassen werden, dass der Großhändler mindestens kostendeckend wirtschaftet und darüber hinaus zusätzlich einen kalkulierten Gewinn einbringt.

Um dies zu erreichen, darf der Großhändler seine Waren langfristig nicht unter seiner absoluten Preisuntergrenze anbieten. Diese ist vorgegeben durch den Bezugspreis der Waren zuzüglich aller Kosten, die beim Händler selbst anfallen (Selbstkostenpreis), zuzüglich der Umsatzsteuer, da diese an das Finanzamt abgeführt werden muss.

Von einer Preisobergrenze spricht man, wenn ein Großhändler den Verkaufspreis nicht beeinflussen kann. Unter solchen Marktbedingungen muss der Unternehmer so kalkulieren, dass der Einkaufspreis eine Obergrenze nicht überschreitet, da ansonsten der geplante Gewinn nicht erwirtschaftet werden kann.

Informationen zum Lösen der folgenden Handlungsaufgaben finden Sie im Lehrbuch „Groß im Handel, 2. Ausbildungsjahr" im Kapitel 13 (Preis- und Konditionenpolitik) des Lernfeldes 6.

HANDLUNGSAUFGABEN

1. Ermitteln Sie, welche Aufgaben Sebastian zu erledigen hat.

2. Stellen Sie mithilfe des Informationstextes zu den Grundlagen der Preisbildung heraus, woran es liegen könnte, dass die Weinberg AG sich diese Preise erlauben kann. Verwenden Sie Fachbegriffe.

3. Unterscheiden Sie die verschiedenen Arten der Preisstrategien in Ihren eigenen Worten. Lesen Sie dazu neben dem Informationstext auch die Ausführungen zu Mischkalkulation, Sonderangeboten, Preisdifferenzierung und Rabattgewährung in Ihrem Lehrbuch.

Preisdifferenzierung	Mischkalkulation	Sonderangebote	Rabatte

4. Bestimmen Sie die mögliche Strategie der Konkurrenz der Fairtext GmbH. Beziehen Sie sich dabei auch auf die Handlungssituation und stellen Sie Überlegungen über die Gründe für die Preisunterschiede an.

5. Bereiten Sie gemeinsam mit Ihrem Tischnachbarn das Gespräch zwischen Sebastian und Frau Eisenberg vor.

Hinweis: Stellen Sie sich darauf ein, dass Sie die Ergebnisse vor der Klasse präsentieren. Nutzen Sie das folgende Lösungsfeld zum Notieren von Stichworten.

VERTIEFUNGS- UND ANWENDUNGSAUFGABEN

1. **Geben Sie die Art der Preisdifferenzierung in den folgenden Fällen an:**

a) Ein Kosmetikprodukthändler wirbt damit, dass er allen Kundinnen, die zwischen 14 und 20 Jahre alt sind, einen Preisnachlass von 12 % gewährt.

b) Die Fairtext GmbH bietet Holzfällerhemden in verschiedenen Städten zu unterschiedlichen Preisen an.

c) Ein Sportartikelhändler verlangt für einen Golfball 0,39 €. Bei der Abnahme von 10 Bällen sinkt der Preis auf 0,37 €, bei 50 Bällen auf 0,35 € und bei 100 Bällen auf 0,32 € je Ball.

d) Ein Outdoor-Fachhändler bietet Campingartikel in der Zeit von September bis März preisgünstiger als im Rest des Jahres an.

Zum Sichern des Lernerfolgs und zum Vertiefen der Lernergebnisse empfehlen wir u. a. die Aufgaben und Aktionen in Kapitel 13 im Lernfeld 6 Ihres Lehrbuches „Groß im Handel, 2. Ausbildungsjahr".

11 Wir nutzen elektronische Dienste zu Marketingzwecken

HANDLUNGSSITUATION

Abteilungssitzung Verkauf. Neben verschiedenen anderen Themen steht auch die schlechte Situation in der Rostocker Filiale auf der Tagesordnung.

Herr Raub: *„Wir hatten uns ja entschieden, zur Verbesserung der Lage in Rostock dort einen neuen Vertriebsweg anzubieten: einen Onlineshop mit Bringdienst für eine sofortige Auslieferung. Die Logistikabteilung hat schon signalisiert, dass ein geeignetes Fahrzeug angeschafft wird. Aber unsere Abteilung muss noch ihre Hausaufgaben machen für den Aufbau dieses neuen Angebots."*

Informationen zum Lösen der folgenden Handlungsaufgaben finden Sie u. a. in Ihrem Lehrbuch „Groß im Handel, 2. Ausbildungsjahr" im Kapitel 6 (Marketing in den Online-Vertriebskanälen) des Lernfeldes 6. Weitere Informationen kann man auch in den Kapiteln des Lernfeldes 9 finden.

HANDLUNGSAUFGABEN

1. Vor welchem Problem steht die Fairtext GmbH?

_____

_____

_____

_____

_____

_____

_____

_____

_____

2. Klären Sie, zu welcher E-Commerce-Art der Internetshop der Fairtext GmbH gehört.

3. Führen Sie mögliche Gründe für Kunden auf, nicht in ein Ladengeschäft zu gehen, sondern online Ware zu bestellen.

4. Geben Sie an, über welche Aufgaben/Funktionen/Bestandteile ein idealer Shop verfügen sollte.

5. Machen Sie in Skizzenform einen Vorschlag, wie der Internetshop der Fairtext GmbH aussehen könnte.

6. Führen Sie auf, welche Möglichkeiten es für Kunden gibt, im Onlineshop zu bezahlen.

VERTIEFUNGS- UND ANWENDUNGSAUFGABEN

1. Geben Sie Fälle an, wo Käufe im Internet rechtlich anders behandelt werden als normale Käufe.

2. **Beurteilen Sie die folgenden Aussagen mithilfe des Lehrbuches.**

Aussage	richtig	falsch – Begründung
Von Fernabsatz spricht man, wenn die Ware vom Verkäufer über mehr als 1 000 km zum Käufer geliefert wird.		
Eine schriftliche Widerrufserklärung ist auch ohne Unterschrift des Kunden rechtsgültig.		
Der Unternehmer muss den Verbraucher darauf hinweisen, dass er jeden erteilten Auftrag innerhalb von 28 Tagen widerrufen kann.		
Statt des Rechts auf Widerruf können Anbieter auch ein Rückgaberecht anbieten		
Im Falle des Rückgaberechts hat der Käufer die Kosten und Gefahr der Rücksendung zu tragen.		
Von den Bestimmungen des BGB zum Fernabsatz werden nicht erfasst u. a. die Direktgeschäfte der Banken und Versicherungen.		
Electronic Commerce ist der Handel mit elektronischen Artikeln.		
Business-to-Consumer (B2C) ist der elektronische Versandhandel mit Endkunden.		
Electronic Commerce hat für Kunden kaum Vorteile.		
Im Internet kann man nur mit Vorkasse bezahlen.		

Zum Sichern des Lernerfolgs und zum Vertiefen der Lernergebnisse empfehlen wir u. a. die Aufgaben und Aktionen in den Kapiteln 6 (Marketing in den Online-Vertriebskanälen) und 9 (Gesetzliche Regelungen des Wettbewerbs) im Lernfeld 6 Ihres Lehrbuches „Groß im Handel, 2. Ausbildungsjahr". Weitere Informationen kann man auch in den Kapiteln des Lernfeldes 9 finden.

12 Wir wenden Onlinemarketing-Maßnahmen an

HANDLUNGSSITUATION

Anne Schulte ist momentan der Onlineabteilung einge-setzt. Dort hört sie, wie der Abteilungsleiter Herr Wange einer Kollegin erklärt:

„Wir begleiten den Kunden auf seiner Customer Journey. Das Ziel dabei ist es, möglichst viele Leads zu generie-ren. Eine große Rolle dabei spielen unser Online-Video-

Advertising, unser Affiliate-Marketing, Tracking und Cookies und vieles mehr ....“

Informationen zum Lösen der folgenden Handlungsaufgaben finden Sie im Lehrbuch „Groß im Handel, 2. Ausbil-dungsjahr" im Kapitel 6 (Marketing in den Online-Vertriebskanälen) des Lernfeldes 6. Weitere Informationen kann man auch in den Kapiteln des Lernfeldes 9 finden.

HANDLUNGSAUFGABEN

1. Geben Sie an, was man unter Onlinemarketing versteht.

_____

_____

2. Führen Sie auf, welche Rolle die Website eines Unternehmens im Rahmen des Marketings spielt.

_____

_____

_____

3. Erläutern Sie die Begriffe
a) **Lead**

_____

_____

_____

b) **Customer Journey**

_____

_____

4. Geben Sie Erläuterungen zu den fünf Phasen der Customer Journey.

Name der Phase	Erläuterung
Awareness	
Favoribility	
Consideration	
Intent to purchase	
Conversion	

5. Neben einer Website und einem Shop kann ein Einzelhandelsunternehmen das Internet auch für verschiedene Marketingmaßnahmen verwenden. Erläutern Sie kurz die in der Tabelle aufgeführten Onlinemarketing-Maßnahmen.

Onlinemarketing-Maßnahme	Erläuterung
E-Mail-Marketing	
Display-Marketing (Bannerwerbung)	
Online-Video-Advertising	
Affiliate-Marketing	
Suchmaschinenmarketing	
Suchmaschinenoptimierung	
Mobiles Marketing	
Social-Media-Marketing	

6. Im Rahmen des Display-Marketings spielen Banner eine große Rolle. Erläutern Sie diesen Begriff.

_____

_____

7. Eine Sonderform des Display-Marketings ist das Affiliate-Marketing. Unterscheiden Sie zwischen Affiliates, Merchants und Affiliate-Netzwerk-Organisationen.

Begriff	Erläuterung
Affiliate	
Merchant	
Affiliate-Netzwerk-Organisation	

8. Unterscheiden Sie Apps und QR-Codes, die bei Maßnahmen des mobilen Marketings angewendet werden.

Begriff	Erläuterung
Apps	
QR-Code	

9. Im Onlinemarketing oft angewendet wird das Tracking mit Cookies. Erläutern Sie die Begriffe:
a) **Tracking**

b) **Cookie**

10. Großhandelsunternehmen können auch Möglichkeiten des Web 2.0 nutzen. **Erläutern Sie in diesem Zusammenhang**
a) **Web 2.0**

b) **Social-Media-Marketing**

_____

_____

_____

c) **virales Marketing**

_____

_____

_____

11. **Führen Sie Beispiele für Beispiele für Social-Media-Plattformen auf.**

12. **Geben Sie an, welche Social-Media-Plattform Sie nutzen und was Sie als deren Hauptvorteil für sich ansehen.**

13. Das Internet wird nicht nur vom Handel, sondern von allen Wirtschaftszweigen genutzt. **Nennen Sie drei momentan zu beobachtende Trends.**

VERTIEFUNGS- UND ANWENDUNGSAUFGABEN

Zur weiteren Vertiefung der Lerninhalte und Sicherung der Lernergebnisse empfehlen wir das Bearbeiten der Aufgaben und Aktionen im Kapitel 6 des Lernfeldes 6 Ihres Lehrbuches „Groß im Handel, 2. Ausbildungsjahr". Weitere Informationen kann man auch in den Kapiteln des Lernfeldes 9 finden.

1 Wir beachten interkulturelle Besonderheiten bei Außenhandelsgeschäften

HANDLUNGSSITUATION

Die Ausbildungsleiterin der Fairtext GmbH, Frau Schlemmer, bittet Anne Schulte zu sich:

„Sie wissen ja, dass wir viel von Ihnen halten und dass wir Sie gern in die Einkaufsabteilung übernehmen würden. Wir brauchen dort in Zukunft jemanden, der den asiatischen Markt beobachtet ... Und da haben wir an Sie gedacht.

Wir würden gern die Textile-International Ltd. aus Shanghai als Lieferanten gewinnen. Wir haben deshalb in der Geschäftsleitung entschieden, dass Sie Herrn Ritter nach Shanghai begleiten. Er muss als unser erfahrenster Kollege kurz vor seinem Ruhestand noch einmal für uns nach China zu erneuten Verhandlungen. Eigentlich hatte dort schon ein anderer Kollege – Name tut jetzt nichts zur Sache – verhandelt ... Ich habe hier mal einen Ausschnitt aus seinem Reisebericht als Kopie, schauen Sie mal ..."

[...]
Leider müssen wir die Verhandlung mit der Textile-International Ltd. als gescheitert ansehen. Dabei habe ich mich insgesamt wirklich bemüht, stringent und ergebnisorientiert aufzutreten. Auch war ich sehr höflich: Zuerst schüttelte ich meinem Gegenüber die Hand und schlug ihm auch gleich kollegial kurz auf die Schulter. Er verbeugte sich.

Um ihm zu zeigen, dass ich ihm nicht übergeordnet bin, verzichtete ich meinerseits darauf. Anschließend übergab ich ihm mit einer Hand meine Visitenkarte, mit der anderen zeigte ich gleich auf den entscheidenden Punkt des Angebots der chinesischen Firma. Ich habe nämlich gleich den einzigen kritischen Punkt angesprochen, nämlich die teuren Transportkosten. Gleichzeitig zeigte ich das Okay-Zeichen, damit sie wussten, dass ich ihnen entgegenkommen wollte ... Und dann immer dieses Lächeln: undurchschaubar, deren Verhandlungstaktik ... Obwohl ich im weiteren Verlauf des Gesprächs sehr – z.T. sehr laut und entschieden – deutlich machte, dass mir die Verhandlungen zu lange dauerten – ich z.B. nicht über meine Familie reden wollte (Mich interessierte ihre Einstellung zu Tibet, wenn wir schon privat werden wollten.) –, musste ich dann unverrichteter Dinge meinen Flieger nehmen ...

Keiner der drei Mitarbeiter stellte die Entscheidung von Herrn Hu, mich ohne Ergebnis nach Deutschland zu lassen, infrage. Da konnte ich mich nur wundern [...]

Informationen zum Lösen der folgenden Handlungsaufgaben finden Sie im Lehrbuch „Groß im Handel, 2. Ausbildungsjahr" in Kapitel 2 (Interkulturelle Rahmenbedingungen) im Lernfeld 7.

HANDLUNGSAUFGABEN

1. Geben Sie an, vor welchem Problem die Fairtext GmbH steht.

2. Führen Sie auf, wie die Fairtext GmbH vorgehen sollte.

3. Frau Schlemmer bespricht mit den Auszubildenden Grundregeln für die Zusammenarbeit mit Personen anderer Kulturkreise.

Ergänzen Sie die folgende Mindmap.

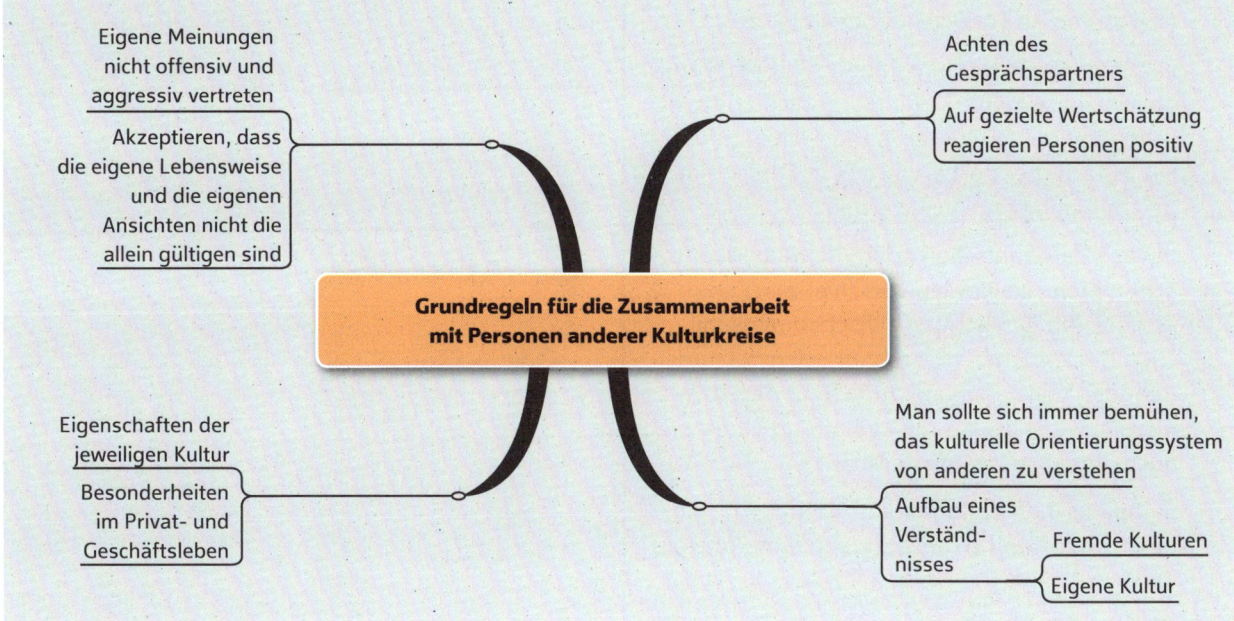

4. Erläutern Sie, was man unter einer Kulturdimension versteht.

_____

_____

5. Ergänzen Sie die folgende Tabelle:

Beispiel:	Kulturdimension:	Ausprägung:
In westlichen Ländern werden Geschäftsgespräche zielführend und dynamisch-zupackend geführt.	Direkte oder Indirekte Kommunikation	Direkte Kommunikation
In Japan versucht man mit Wohlwollen und Vertrauen eine Beziehung aufzubauen, zu stabilisieren und schließlich zu vertiefen. Konflikte werden diplomatisch umgangen oder bereinigt. Erst dann nähert man sich dem Gesprächsziel.	Sach- oder Beziehungsorientierung	Beziehungorientierung
Geschäftsreisende, die häufig in Südamerika verhandelt haben, wissen, dass dort die Distanzzonen geringer ausgeprägt sind als in Mitteleuropa.	Ausprägung der Körpersprache	Hoch
Bei einem Geschäftsessen in Brasilien bringt der Kellner die Speisekarte dem Ältesten am Tisch. Dieser sucht die Speisen für alle aus.	Machtdistanz	Hoch

Beispiel:	Kulturdimension:	Ausprägung:
Um Unsicherheit zu vermeiden, haben Rituale in Japan eine hohe Bedeutung. Japaner halten sich streng an vorgeschriebene Etikette.	Unsicherheits-vermeidung	Hoch ✓
In den skandinavischen Ländern gibt es vergleichsweise kleine Gehaltsunterschiede zwischen oberen und unteren Hierarchiestufen. Die Mitarbeiter dort erwarten, in Entscheidungen mit einbezogen zu werden.	Machtdistanz	Niedrig
In vielen afrikanischen oder lateinamerikanischen Kulturen werden verschiedene Dinge gleichzeitig gemacht. In zwischenmenschlichen Beziehungen ist das zufriedenstellende Beenden der Kommunikation (und deren Ergebnis) wichtiger als die Einhaltung eines wie auch immer gearteten Zeitplans.	Monochrones / polychrones Zeitempfinden	Polychrones Zeitempfinden (alles gleichzeitig)
In japanischen Kulturkreisen werden Emotionen nicht öffentlich gezeigt, sondern kontrolliert.	Ausprägung der Körpersprache	gering
In Japan wird erwartet, dass ein Vorgesetzter sich im Leben seiner Untergebenen gut auskennt. Dort kann es passieren, dass er für ledige männliche Untergebene ein Treffen mit ledigen weiblichen Untergebenen arrangiert, damit diese evtl. später heiraten können.	Sach- oder Beziehungsorientiert	Beziehungs-orientiert
Ein extrem aggressives Verkaufsverhalten auf Kosten anderer, wie z. B. vergleichende Werbung im amerikanischen Stil, wird in Skandinavien überwiegend negativ aufgenommen.		

6. Anne Schulte möchte sich zur Vermeidung eines weiteren Fehlschlags bei den Verhandlungen mit dem chinesischen Unternehmen auf die künftigen Gespräche besonders vorbereiten. Sie macht sich anhand vier ausgewählter Kulturdimensionen Gedanken darüber, wie sich die chinesische Kultur von der deutschen unterscheidet.

Ergänzen Sie die folgende Tabelle:

Kulturdimension	Ausprägung der Kulturdimension im Vergleich zur deutschen Kultur
Machtdistanz	China hat eine extrem große Machtdistanz. In Deutschland dagegen ist die Machtdistanz sehr gering.
Individualismus/Kollektivismus	Extremer Kollektivismus (Deutschland liegt etwa im Mittelfeld zwischen Kollektivismus und Individualismus.)
Maskulinität/Femininität	Geringere Maskulinität als in Deutschland (China liegt im Mittelfeld zwischen Maskulinität und Femininität.)
Unsicherheitsvermeidung	Extreme Unsicherheitsvermeidung

7. Um einen besseren Start in die nächste Verhandlung zu haben, analysiert Anne das in der Vergangenheit gescheiterte Gespräch.
Geben Sie an, welche Fehler gemacht wurden. Machen Sie evtl. Vorschläge für ein besseres Verhalten.

_____

_____

_____

_____

_____

_____

_____

_____

_____

_____

_____

_____

_____

ANWENDUNGS- UND VERTIEFUNGSAUFGABE

Zur weiteren Vertiefung der Lerninhalte und Sicherung der Lernergebnisse empfehlen wir das Bearbeiten der Aufgaben und Aktionen im Kapitel 2 des Lernfelds 7 Ihres Lehrbuchs „Groß im Handel, 2. Ausbildungsjahr".

2 Wir setzen geeignete Zahlungsbedingungen zur Risikoabsicherung im Außenhandel ein

HANDLUNGSSITUATION

Nachdem ihnen der Leiter der Außenhandelsabteilung, Herr Sieg, einen Überblick über die Tätigkeiten im Außenhandelsbereich gegeben hat, gibt er Anne Schulte, Caroline König, Sebastian Holpert und Mete Öczan die folgende Anfrage von Hayden & Sons aus Boston (USA). Bisher unterhält die Fairtext GmbH zu Hayden & Sons noch keine Geschäftsbeziehungen.

Hayden & Sons · 17 State Street · Boston, MA 02109

Textilgroßhandlung
Fairtext GmbH
Walsroder Str. 6 a
D-30625 Hannover

Boston, 10 März 20..

Anfrage

Sehr geehrte Damen und Herren,

wir interessieren uns für Damenkostüme aus 100 % Schurwolle (Artikel 6875) aus Ihrem aktuellen Sortiment.

Wir benötigen jeweils 50 Damenkostüme in den Größen M und L. Bitte senden Sie uns ein ausführliches Angebot bis zum 25. März 20.. .

Mit freundlichen Grüßen

Hayden & Sons

Herr Sieg beauftragt Anne Schulte, Caroline König, Sebastian Holpert und Mete Öczan,
– mögliche Risiken eines Außenhandelsgeschäfts mit Hayden & Sons zusammenzustellen und zu bewerten.
– Zahlungsbedingungen vorzuschlagen, die die Risiken des Außenhandelsgeschäfts mit Hayden & Sons absichern können.

Informationen zum Lösen der folgenden Handlungsaufgaben finden Sie im Lehrbuch „Groß im Handel, 2. Ausbildungsjahr" in Lernfeld 7, Kapitel 1 (Risiken im Außenhandel) und 3 (Absicherungsmöglichkeiten der Risiken im Außenhandel).

HANDLUNGSAUFGABEN

1. Welche Fragen müssen Anne Schulte, Caroline König, Sebastian Holpert und Mete Öczan klären, um den Auftrag von Herrn Sieg zu erfüllen?

_____

_____

_____

_____

_____

_____

_____

2. Nennen Sie die Risiken, die sich aus einem Auslandsgeschäft mit Hayden & Sons für die Fairtext GmbH ergeben können.

_____

_____

_____

_____

_____

_____

3. Erläutern und bewerten Sie diese Risiken für die Fairtext GmbH bei einem Außenhandelsgeschäft mit Hayden & Sons.

Risiko	Erläuterung	Bewertung
Preisrisiko		
Annahmerisiko		

Risiko	Erläuterung	Bewertung
Kreditrisiko		
Transportrisiko		
Wechselkursrisiko		
Politische Risiken		

4. Die Fairtext GmbH kann Risiken des Außenhandelsgeschäftes durch die Vereinbarung von im Außenhandel üblichen gesicherten Zahlungsweisen absichern.

a) **Welche Zahlungsweisen kommen in Betracht?**

b) Welche Zahlungsmittel werden bei den verschiedenen Zahlungsweisen jeweils benutzt?

_____

_____

_____

c) Wann erhält die Fairtext GmbH bei den verschiedenen Zahlungsweisen ihr Geld?

_____

_____

_____

5. Vergleichen Sie die Zahlungsbedingungen im Außenhandel hinsichtlich der Verteilung der Risiken und der Finanzierungslast auf Importeur und Exporteur.

Zahlungsbedingungen	Risiken des Importeurs	Risiken des Exporteurs	Verteilung der Finanzierungslast
Vorauszahlung			
Dokumenten-Akkreditiv			
Dokumente gegen Kasse (d/p)			
Dokumente gegen Akzept (d/a)			
Offenes Zahlungsziel			

6. Erläutern Sie die Schritte der Abwicklung des Dokumenten-Inkassos bei der Zahlungsbedingung „Dokumente gegen Kasse (d/p)".

Schritt	Erläuterung
1	
2	
3	

Schritt	Erläuterung
4	
5	
6	
7	

7. Erläutern Sie die Unterschiede der Abwicklung des Dokumenten-Inkassos bei „Dokumente gegen Kasse" und „Dokumente gegen Akzept".

8. Erläutern Sie die Schritte der Abwicklung des Dokumenten-Akkreditivs.

Schritt	Erläuterung
1	
2	
3	
4	
5	
6	
7	
8	
9	

9. Begründen Sie, warum Exporteure bei der Vereinbarung der Zahlung aus einem Dokumenten-Akkreditivs ein bestätigtes, unwiderrufliches Akkreditiv verlangen.

10. Erläutern Sie, warum ein befristetes Akkreditiv im Interesse des Importeurs ist.

11. Wählen Sie die für die Fairtext GmbH die günstigsten Zahlungsbedingungen aus.

VERTIEFUNGS- UND ANWENDUNGSAUFGABEN

Zur weiteren Vertiefung und Sicherung der Lernergebnisse empfehlen wir das Bearbeiten der Aufgaben und Aktionen in den Kapiteln 1 und 3 des Lernfeldes 7 in Ihrem Lehrbuch „Groß im Handel, 2. Ausbildungsjahr".

3 Wir wählen Versicherungen zur Absicherung von Transport- und Kreditrisiken im Außenhandel aus

HANDLUNGSSITUATION

Die Importhandlung Fernando Rodriguez aus Vera Cruz, Mexiko, möchte bei der Fairtext GmbH eine größere Stückzahl Herrenanzüge einkaufen. Da die Importhandlung Fernando Rodriguez ein langjähriger Kunde der Fairtext GmbH ist, erklärt sich die Fairtext GmbH bereit, folgende Zahlungs- und Lieferungsbedingungen einzuräumen:

- Lieferungsbedingung: CIF Vera Cruz (Incoterms® 2020[1])
- Zahlungsbedingung: Dokumente gegen Kasse (D/P)

Dem Leiter der Außenhandelsabteilung der Fairtext GmbH, Herrn Sieg, ist es wichtig, die Transportrisiken und Kreditrisiken des Außenhandelsgeschäfts mit der Importhandlung Fernando Rodrigues durch den Abschluss von Versicherungen abzusichern.

Er beauftragt Anne Schulte und Sebastian Holpert, Möglichkeiten der Absicherung der Transport- und Kreditrisiken zusammenzustellen. Dabei sollen sie auch die Bestimmungen der Incoterms-Klausel CIF beachten.

Auszug aus den Incoterms®2020[1]

CIF (Kosten, Versicherung und Fracht)

A5 Versicherung

Sofern nicht anders vereinbart oder handelsüblich, hat der Verkäufer auf eigene Kosten eine Transportversicherung abzuschließen, die der vorgeschriebenen Deckungshöhe gemäß den Klauseln (C) der Institute Cargo Clauses (LMA/IUA) oder ähnlichen Klauseln entspricht. Die Versicherung ist bei Einzelversicherern oder Versicherungsgesellschaften mit einwandfreiem Leumund abzuschließen und muss den Käufer oder jede andere Person mit einem versicherbaren Interesse an der Ware berechtigen, Ansprüche direkt bei dem Versicherer geltend zu machen.

Der Verkäufer muss auf Verlangen und Kosten des Käufers, vorbehaltlich der durch den Käufer zur Verfügung zu stellenden, vom Verkäufer benötigten Informationen, zusätzlichen Versicherungsschutz beschaffen, falls erhältlich, z. B. Deckung entsprechend den Institute War Clauses und/oder Institute Strikes Clauses (LMA/IUA) oder ähnlichen Klauseln (es sei denn, ein derartiger Versicherungsschutz ist bereits in der im vorhergehenden Absatz beschriebenen Transportversicherung inkludiert).

Die Versicherung muss zumindest den im Vertrag genannten Preis zuzüglich zehn Prozent (d. h. 110 %) decken und in der Währung des Vertrags ausgestellt sein.

Der Versicherungsschutz für die Ware muss ab der Lieferstelle, wie in A2 festgelegt, bis mindestens zum benannten Bestimmungshafen wirksam sein.

Der Verkäufer muss dem Käufer die Versicherungspolice oder -urkunde bzw. einen sonstigen Nachweis über den Versicherungsschutz aushändigen.

Ferner hat der Verkäufer dem Käufer auf dessen Verlangen, Gefahr und Kosten jene Informationen zur Verfügung zu stellen, die der Käufer für den Abschluss etwaiger zusätzlicher Versicherungen benötigt.

Quelle: Inrernational Chamber of Commerce (ICC); Incoterms 2020, S. 163 f.

Versetzen Sie sich in die Rolle von Anne Schulte und Sebastian Holpert und erfüllen Sie den Auftrag von Herrn Sieg.

Informationen zum Lösen der folgenden Handlungsaufgaben finden Sie im Lehrbuch „Groß im Handel, 2. Ausbildungsjahr" Lernfeld 7, Kapitel 3 (Absicherungsmöglichkeiten der Risiken im Außenhandel).

---

1 „Incoterms®" ist eine eingetragene Marke der Internationalen Handelskammer (ICC). Incoterms®2020 ist einschließlich aller seiner Teile urheberrechtlich geschützt. Die ICC ist Inhaberin der Urheberrechte an den Incoterms®2020. Bei den vorliegenden Ausführungen handelt es sich um inhaltliche Interpretationen zu den von der ICC herausgegebenen Lieferbedingungen durch die Autoren. Diese sind für den Inhalt, Formulierungen und Grafiken in dieser Veröffentlichung verantwortlich. Für die Nutzung der Incoterms® in einem Vertrag empfiehlt sich die Bezugnahme auf den Originaltext „Incoterms® 2020, der in der deutschen Fassung von der Internationalen Handelskammer (ICC Germany) herausgegeben wird."

HANDLUNGSAUFGABEN

1. Welche Fragen müssen Anne Schulte und Sebastian Holpert klären, um den Auftrag von Herrn Sieg zu erfüllen?

2. Die Klausel „CIF" verpflichtet die Fairtext GmbH, als Verkäufer eine Transportversicherung zugunsten des Käufers Fernando Rodriquez auf eigene Kosten abzuschließen. **Erläutern Sie die Mindestanforderungen an diese Transportversicherung.**

3. Stellen Sie fest, welchen Versicherungsschutz die Deckungsformen C der Institute Cargo Clauses (ICC) gewährt.

4. Der Versicherungsschutz „Eingeschränkte Deckung" der DTV-Güterversicherungsbedingungen 2000/2011 entspricht der Deckungsform C der Institut Cargo Clauses (ICC) weitgehend. **Nennen Sie die Schadensereignisse, die ein Versicherungsvertrag mit Deckungsform „Eingeschränkte Deckung" versichert.**

5. **Erstellen Sie eine Liste der Risiken, die nicht durch eine Deckungsformen einer Transportversicherung versichert werden.**

6. Bei welchen Versicherungen kann die Fairtext GmbH ihr Kreditrisiko absichern?

7. Welche Risiken kann die Fairtext GmbH durch eine private Exportkreditversicherung absichern?

8. Welchen Schutz bietet der Fairtext GmbH die Lieferantenkreditdeckung der staatlichen Exportkreditversicherung?

VERTIEFUNGS- UND ANWENDUNGSAUFGABEN

Zur weiteren Vertiefung und Sicherung der Lernergebnisse empfehlen wir das Bearbeiten der Aufgaben 3 bis 12 in Kapitel 3 des Lernfeldes 7 in Ihrem Lehrbuch „Groß im Handel, 2. Ausbildungsjahr".

4 Wir bereiten die Angaben zur Zollanmeldung und die erforderlichen Dokumente für die Überführung in den zollrechtlich freien Verkehr vor

HANDLUNGSSITUATION

Herr Sieg erhält die Nachricht, dass die für die Fairtext GmbH bestimmte Lieferung von Parkas aus Auckland (Neuseeland) in Hamburg eingetroffen ist. Diese Lieferung soll unmittelbar nach der Ankunft an der Außengrenze der Europäischen Gemeinschaft zum zollrechtlich freien Verkehr abgefertigt werden. Dazu muss die Fairtext GmbH eine Zollanmeldung bei der zuständigen Zollstelle abgeben.

Die Handelsrechnung der New Zealand Outdoorclothing Ltd., Auckland, über die Lieferung der Parkas liegt der Fairtext GmbH vor.

New Zealand Outdoorclothing
34 Constellation Drive
Rosedale
Auckland 0632
New Zealand

Auckland, 08 09 20..

Phone: +64 9532 1155

Fairtext GmbH
Walsroder Str. 6 a
DE-30625 Hannover
Germany

Your order no. 6794
20 07 20..

Invoice No. 1538

item no.	description of goods	unit price	amount
		NZD	NZD
1	100 pcs. Langfort Parka, 100 % cotton, graphite, size M	187,00	18.700,00
2	100 pcs. Langfort Parka, 100 % cotton, graphite, size L	187,00	18.700,00
3	100 pcs. Langfort Parka, 100 % cotton, graphite, size XL	187,00	18.700,00
4	100 pcs. Langfort Parka, 100 % cotton, red maple, size M	187,00	18.700,00
5	100 pcs. Langfort Parka, 100 % cotton, red maple, size L	187,00	18.700,00
6	100 pcs. Langfort Parka, 100 % cotton, red maple, size XL	187,00	18.700,00
		Total	**112.200,00**

FOB Auckland (New Zealand), Incoterms 2020

2 wooden cases
size (mm) 2040 x 1200 x 800
gross-weight: 640 kg
net-weight: 600 kg

vessel: Wellington Star
Container Ship, IMO: 8413256, MMSI: 488827700
terms of paymemt: documents against payment (d/p)

New Zealand Outdoorclothing.

Zoé McDouglas
Exportmanager

Der Kurs für NZD ist: 1 EUR = 1,7659 NZD

Für den Transport der Ware vom Ausfuhrhafen Auckland bis zum Geschäftssitz der Fairtext GmbH in Hannover fallen folgende Kosten an:

Beförderungskosten für den Schiffstransport von Auckland bis Hamburg	1.065,00 EUR
Versicherungskosten	128,00 EUR

Beförderungskosten für den LKW-Transport von Hamburg nach Hannover	450,00 EUR

Der Leiter der Außenhandelsabteilung beauftragt Caroline König und Sebastian Holpert, die Zollanmeldung und die erforderlichen Dokumente für die Überführung der Ware in den zollrechtlich freien Verkehr vorzubereiten.

Informationen zum Lösen der folgenden Handlungsaufgaben finden Sie im Lehrbuch „Groß im Handel, 2. Ausbildungsjahr" im Lernfeld 7, Kapitel 5 (Dokumente im Außenhandel) und 6 (Zollanmeldung und Einfuhrabgaben).

HANDLUNGSAUFGABEN

1. Welche Fragen müssen Caroline König und Sebastian Holpert klären, um den Auftrag von Herrn Sieg zu erfüllen?

2. Erstellen Sie eine Liste der Dokumente, die für die Zollanmeldung der Parkas aus Auckland zum freien Verkehr vorliegen müssen.
Für die Abfertigung zum freien Verkehr sind außer der Zollanmeldung/Einfuhranmeldung folgende Unterlagen erforderlich:

3. Erläutern Sie die Funktionen dieser Dokumente.

Dokument	Funktionen
Zollanmeldung	
Handelsrechnung	
Zollwertanmeldung	
Liste der Packstücke	
Konnossement	

4. Stellen Sie fest, wer die in Aufgabe 3 genannten Dokumente erstellen muss.

Dokumente	Ersteller
Zollanmeldung	
Handelsrechnung	
Zollwertanmeldung	
Liste der Packstücke	
Konnossement	

5. **Erstellen Sie eine Liste der notwendigen Informationen für die Zollanmeldung.**

Für die Zollanmeldung müssen u. a. folgende Angaben gemacht werden:

6. Ermitteln Sie die Zolltarifnummer, den Zollsatz und den Einfuhrumsatzsteuersatz für die einzuführende Ware. Nutzen Sie dazu das Auskunftssystem ETZ-Online.

EZT-Online Einfuhr
Maßnahmen und Hinweise

| Suchkriterien | Einreihung | Recherche | Texte | Verbrauchsteuern | Hilfe |

zurück

eingegebene Suchkriterien:

maßgeb. Zeitpunkt:	26.09.2020
Codenummer:	62019200000
Geografisches Gebiet:	NZ - Neuseeland

Suche starten

| Einfuhrumsatzsteuer: | 19 % |
| Warenbeschreibung: | aus Baumwolle |

Pfad einblenden   Warennomenklatur-Fußnoten   Übersicht (Maßnahmen)   Übersicht (Hinweise)

Einfuhrmaßnahmen

Historie	ZC	Gebiets-code	MN-Schl.	Maßnahmeart	Maßnahmen	Beginn	Ende	Ordnungs.Nr.	Weitere Informationen
Historie	-	1011	745	Einfuhrkontrolle von Katzen- und Hundefellen	Weitere Informationen siehe Bedingungen	15.08.2009	-	-	Bedingungen Rechtsvorschrift Fußnoten
Historie	-	1011	746	Einfuhrkontrolle von Robbenerzeugnissen	Weitere Informationen siehe Bedingungen	18.10.2015	-	-	Bedingungen Rechtsvorschrift Fußnoten
Historie	-	1011	103	Drittlandszollsatz	12%	01.01.2005	-	-	Rechtsvorschrift
Historie	-	1011	117	Aussetzung – Waren für bestimmte Arten von Wasserfahrzeugen und für Bohr- oder Förderplattformen	0%	01.07.2016	-	-	Bedingungen Rechtsvorschrift Fußnoten
Historie	-	1011	109	Besondere Maßeinheit	NAR = Anzahl Stück	01.01.2008	-	-	Rechtsvorschrift

Seite 1 von 1

a) Zolltarifnummer: _____

b) Zollsatz: ____

c) Einfuhrumsatzsteuersatz: ____

7. Ermitteln Sie den Zollwert der einzuführenden Parkas aus Neuseeland.

8. **Ermitteln Sie die Einfuhrabgaben für die Einfuhr der Parkas aus Neuseeland.**

9. **Erstellen Sie die schriftliche Zollanmeldung zur Überführung in den zollrechtlich freien Verkehr** (Einheitspapier 0737 der Europäischen Union). Die einzutragenden Codes finden Sie in den Anlagen des Merkblatts zu Zollanmeldungen, summarischen Anmeldungen und Wiederausfuhrmitteilungen – Ausgabe 2020.

EUROPÄISCHE GEMEINSCHAFT

A BESTIMMUNGSSTELLE

6 Exemplar für das Bestimmungsland

1 ANMELDUNG XXXXX

2 Versender / Ausführer   Nr.

3 Vordrucke XXXXX   4 Ladelisten

5 Positionen   6 Packst. insgesamt XXXXXX   7 Bezugsnummer

8 Empfänger   Nr.

9 Verantwortlicher für den Zahlungsverkehr   Nr.
XXXXXXXXXXXXXXXXXXXXXXXXXXXXXXXXXXXX

10 Letztes Herkunftsland XXX   11 Hand./Erz. Land   12 Angaben zum Wert XXXXXXXXXXXXXX   13 G. L. P. XXXXX

14 Anmelder/Vertreter   Nr.

15 Versendungs-/Ausfuhrland   15 Vers./Ausf.L.Code a| b| XX   17 Bestimm.L.Code a| b|

16 Ursprungsland   17 Bestimmungsland XXXXXXXXXXXXXXXXX

18 Kennzeichen und Staatszugehörigkeit des Beförderungsmittels bei der Ankunft   19 Ctr.   20 Lieferbedingung

21 Kennzeichen und Staatszugehörigkeit des grenzüberschreitenden aktiven Beförderungsmittels   22 Währung u. in Rechn. gestellter Gesamtbetr.   23 Umrechnungskurs   24 Art des Geschäfts

25 Verkehrszweig an der Grenze   26 Inländischer Verkehrszweig   27 Entladeort   28 Finanz- und Bankangaben XXXXXXXXXXXXXXXXXXXXXXXXXXXXXXXXXX

6   29 Eingangszollstelle   30 Warenort

31 Packstücke und Warenbezeichnung   Zeichen und Nummern · Container Nr. · Anzahl und Art   32 Positions Nr.   33 Warennummer

34 Urspr.Land Code a| b| XX   35 Rohmasse (kg)   36 Präferenz

37 VERFAHREN   38 Eigenmasse (kg)   39 Kontingent

40 Summarische Anmeldung/Vorpapier

41 Besondere Maßeinheit   42 Artikelpreis   43 B. M. X Code

44 Besondere Vermerke/ Vorgelegte Unterlagen/ Bescheinigungen u. Genehmigungen   ☐ Hinsichtlich aller angemeldeten Waren zum vollen Vorsteuerabzug berechtigt.   Code B.V. XXX   45 Berichtigung XXXXXXXXX

46 Statistischer Wert

47 Abgabenberechnung

Art	Bemessungsgrundlage	Satz	Betrag	ZA

Summe :

48 Zahlungsaufschub   49 Bezeichnung des Lagers

B ANGABEN FÜR VERBUCHUNGSZWECKE

50 Hauptverpflichteter   Nr.   Unterschrift: C ABGANGSSTELLE
XXXXXXXXXXXXXXXXXXXXXXXXXXXXXXXXXXXX
vertreten durch
Ort und Datum :

51 Vorgesehene Durchgangszollstellen (und Land)   XXXXXXXXXX XXXXXXXXXX XXXXXXXXXX XXXXXXXXXX XXXXXXXXXX XXXXXXXXXX

52 Sicherheit   nicht gültig für XXXXXXXXXXXXXXXXXXXXXXXXXXXXXXXX   Code XX   53 Bestimmungsstelle (und Land) XXXXXXXXXXXXXXXXXXXXXXXXX

J PRÜFUNG DURCH DIE BESTIMMUNGSSTELLE   54 Ort und Datum :

Unterschrift und Name des Anmelders/Vertreters :

0737 Einheitspapier (Bestimmung - Eingang/Einfuhr -) - III B 1 - (2005)

Merkblatt zu Zollanmeldungen, summarischen Anmeldungen und Wiederausfuhrmitteilungen
– Ausgabe 2020 –
Anlagen (Auszug)

Anhang 1A – Länderverzeichnis für die Außenhandelsstatistik – ISO-alpha-2- Code für Länder

CN China	IE Irland	KP Nordkorea
DE Deutschland	IL Israel	KR Südkorea
		NZ Neuseeland
HK Hongkong	IN Indien	US Vereinigte Staaten von Amerika
HR Kroatien	JP Japan	

Anhang 1B – Iso-alpha-3-Code für Währungen

ISO-Code	Währung	Land bzw. Gebiet
GBP	Pfund Sterling	Guernsey
		Insel Man
		Jersey
		Vereinigtes Königreich
HKD	Hongkong-Dollar	Hongkong
HRK	Kuna	Kroatien
HUF	Forint	Ungarn
JPY	US-Dollar	Vereinigtes Staaten von Amerika
NZD	Neuseeland-Dollar	

Anhang 2 – zu Feld Nr. 20: Lieferbedingung

Erstes Unterfeld	Bedeutung	Zweites Unterfeld
Incoterm Code	**Incoterm – CCI/ECE, Genf**	**Anzugebender Ort**
EWX	Ab Werk	Standort des Werks
FCA	Frei Frachtführer	… vereinbarter Ort
FAS	Frei Längsseite Schiff	vereinbarter Verladehafen
FOB	Frei an Bord	vereinbarter Verladehafen
CFR	Kosten und Fracht	vereinbarter Bestimmungshafen
CIF	Kosten, Versicherung und Fracht	vereinbarter Bestimmungshafen
CPT	Fracht bezahlt bis	vereinbarter Bestimmungsort
CIP	Fracht und Versicherung bezahlt bis	vereinbarter Bestimmungsort
DAP	Geliefert benannter Ort	vereinbarter Ort
DPU	Geliefert benannter Ort entladen	vereinbarter Ort
DDP	Geliefert verzollt	vereinbarter Lieferort

Anhang 3 – zu Feld Nr. 24: Art des Geschäfts

Art des Geschäfts	Schlüsselnummer
Geschäfte mit Eigentumsübertragung (tatsächlich oder beabsichtigt) und mit Gegenleistung (finanziell oder anderweitig)	
– Entgültiger Kauf/Verkauf(b)	11
– (berechnete) Ansichts- oder Probesendungen und Kommissionsgeschäfte (einschließlich Konsignationslager)	12
– Kompensationsgeschäfte (Tauschhandel)	13
– Finanzierungsleasing (Mietkauf)(c)	14
– Sonstiges	19

Anhang 4 – zu Feld Nr. 29: Ausgangszollstelle/Eingangszollstelle
– Verzeichnis der anzugebenden Schlüsselnummern –
Vor die Schlüsselzahl (Spalte 3) ist jeweils der Zusatz „DE00" zu setzen.

C. Verzeichnis deutscher Zollstellen im Seeverkehr

Zollstellen an der Nordsee

ZA	Brake	5301
ZA	Bremen	2325
ZA	Bremerhaven	2452
ZA	Brunsbüttel	6151
ZA	Cuxhaven	4501
ZA	Emden	5004
ZA	Hamburg	4851
ZA	Helgoland	4506
ZA	Husum	6155
ZA	Papenburg	5008
ZA	Stade	5203
ZA	Wilhelmshaven	5310

Anhang 5 – zu Feld Nr. 36: Präferenz

Abschnitt B – Liste der gebräuchlichsten Codes

Teil I – Ohne Präferenznachweis

Code	Anwendungsbereich
100	Anwendung des Drittlandzollsatzes (Angabe aus statistischen und dv-Technischen Gründen notwendig)
110	Vorübergehende Zollaussetzung für bestimmte Waren aus den landwirtschaftlichen, chemischen, luftfahrtechnischen und mikroelektronischen Bereichen

Anhang 6 – zu Feld 37

Abschnitt C Teil II – Die häufigsten Verfahrenscodes bei dem Eingang/der Einfuhr von Waren

40 Gleichzeitige Überlassung von Waren in den zoll- und steuerrechtlich freien Verkehr ohne steuerbefreiende Lieferung (keine Befreiung von der Einfuhrumsatzsteuer) nach § 5 Absatz 1 Nr. 3 oder Nr. 4 UStG*)

4000	ohne vorangegangenes Verfahren
4010	nach Anmeldung zur endgültigen Ausfuhr (z. B. Rückwaren)
4051	nach Überführung in die aktive Veredelung
4053	nach Überführung in die vorübergehende Verwendung
4054	nach Überführung in die aktive Veredelung in einem anderen Mitgliedstaat im Rahmen einer „Einzigen Bewilligung"
4071	nach Überführung in ein Zolllagerverfahren

Anhang 7 – Zu Feld Nr. 47: Codes für die Abgabenarten

A00 Einfuhrabgaben (ohne Antidumping- und Ausgleichszölle)

A30 endgültige Antidumpingzölle

A35 vorläufige Antidumpingzölle

A40 endgültiger Ausgleichszoll

A45 vorläufiger Ausgleichszoll

B00 Einfuhrumsatzsteuer

C00 Ausfuhrabgaben (ohne Ausfuhrabgaben für landwirtschaftliche Erzeugnisse)

C10 Ausfuhrabgaben für landwirtschaftliche Erzeugnisse

300 Tabaksteuer

310 Kaffeesteuer

350 Alkoholsteuer

360 Alkopopsteuer

370 Schaumweinsteuer

670 Biersteuer

Anhang 8 – zu Feld Nr. 31: Art der Packstücke

Verpackungscodes

Container	CN	Palette	PX
Karton	CT	Packstück	PK
Kasten	BX	Paket	PC
Kiste	CH		

Art des Verkehrszweigs

Code	Verkehrszweig
1	Seeverkehr
2	Eisenbahnverkehr
3	Straßenverkehr
4	Luftverkehr
5	Postsendungen
7	Fest installierte Transporteinrichtungen (z. B. Rohrleitungen)
8	Binnenschifffahrt
9	Eigener Antrieb (Beförderungsmittel, die selbst Gegenstand eines Handelsgeschäfts sind und mit eigener Kraft den Ort der Gestellung verlassen

VERTIEFUNGS- UND ANWENDUNGSAUFGABEN

Zur weiteren Vertiefung und Sicherung der Lernergebnisse empfehlen wir das Bearbeiten der Aufgaben und Aktionen in den Kapiteln 5 und 6 des Lernfeldes 7 in Ihrem Lehrbuch „Groß im Handel, 2. Ausbildungsjahr".

5 Wir bereiten die erforderlichen Dokumente für ein Ausfuhrgeschäft vor

HANDLUNGSSITUATION

Die Fairtext GmbH erhält die folgende Bestellung von Bertoni Kløverhuset, Bergen (Norwegen).

Bertoni Kløverhuset Bergen

Bertoni Kløverhuset – Stromgaten 16 – 5013 Bergen
Textilgroßhandlung
Fairtext GmbH
Walsroder Str. 6 a
30625 Hannover

Basel
30. Juli 20..

Bestellung

Sehr geehrte Damen und Herren,

wir danken Ihnen für Ihr Angebot. Wir bestellen Herrensakkos aus 100 % Schurwolle, dunkelblau Artikel-Nr. 529195

50 Stück, Größe 48
50 Stück, Größe 50
50 Stück, Größe 52
50 Stück, Größe 54
20 Stück, Größe 56

zum Stückpreis von 386,00 EUR, CIF Bergen, einschließlich Verpackung.

Lieferzeit: 14 Tage nach Auftragseingang

Zahlung: Dokumente gegen Kasse (d/p)

Mit freundlichen Grüßen

Bertoni Kløverhuset

Herr Sieg bittet Anne Schulte und Mete Öczan,
- die Papiere, die bei der Zollabfertigung im Inland vorgelegt werden müssen,
- die für die Einfuhr in Norwegen erforderlichen Zollpapiere sowie
- die notwendigen Versandpapiere

zu erstellen oder zu beschaffen.
Stellen Sie die Papiere zusammen, die Anne Schulte und Mete Öczan erstellen oder beschaffen müssen.

Informationen zum Lösen der folgenden Handlungsaufgaben finden Sie im Lehrbuch „Groß im Handel, 2. Ausbildungsjahr" Lernfeld 7, Kapitel 5 (Dokumente im Außenhandel) und in den folgenden Einfuhrbestimmungen.

Einfuhrbestimmungen Norwegen

[...]

1.2 Einfuhr aus der Bundesrepublik

Der Import ist fast vollständig ohne Einschränkungen möglich. ...

Für viele Erzeugnisse bestehen besondere Kennzeichnungsvorschriften, wie z. B. chemische Stoffe sowie Textilien (Informationen über die Zusammensetzung der Fasern) und Lederprodukte.

[...]

2 Dokumente

2.1 Seefrachten

Seehäfen: Bergen, Maloy, Narvik, Hausgesund, Sture, Mongstad

2.1.1 Konnossemente

Voller Satz Konnossemente, Ausstellung an Order möglich. Angabe einer Notify-Adresse empfehlenswert. Beglaubigung nicht erforderlich.

2.1.2 Handelsrechnungen

Handelsfaktura zweifach. Da die Handelsfaktura als Unterlage zur Verzollung dient, müssen ihre Einzelheiten, wie genaue Warenbezeichnung (wenn möglich jeweils mit Zolltarifnummer), Ursprungsland, Mengen, Art, Anzahl, Marke und Nummern der Versandstücke, Namen und Adressen von Käufer sowie Verkäufer, Ausstellungs- und Bestelldatum. Bescheinigung nicht erforderlich.

2.1.3 Ursprungszeugnisse

Ursprungszeugnis mit der Angabe „Bundesrepublik Deutschland (Europäische Union)" auf Anforderung.

2.1.4 Warenverkehrsbescheinigung

Warenverkehrsbescheinigung EUR.1 (einfach mit Zollstempel, Ausstellung durch Zollstelle nach Ausfüllen durch Exporteur) für alle Erzeugnisse bei Warenwert über € 6000,–, die unter die Ursprungsregelung des EWR-Abkommens fallen.

Für Sendungen im Werte bis zu € 6000,–: Vom Ausführer ist die folgende Erklärung in die Rechnung oder einem anderen Handelsdokument aufzunehmen:

„The exporter of the products covered by this document (customs authorization No ...) declares that, except where otherwise clearly indicated, these products are of ... preferential origin."

Ort und Datum, Unterschrift. Unter der Unterschrift muss der volle Name der Person angegeben werden, die die Erklärung unterzeichnet. Ursprungswaren aus Ceuta und Melilla sind mit „CM" zu kennzeichnen. Für den norwegischen Importeur ist noch als Anmeldeformular zusätzlich das Einheitspapier beizufügen.

Fällt die Lieferung unter die Pan-Europa-Mittelmeer-Kumulierung, erfolgt der Präferenznachweis entweder durch eine Warenverkehrsbescheinigung EUR-MED oder es ist eine Erklärung auf der Rechnung EUR-MED erforderlich, die um den zutreffenden der beiden folgenden Vermerke zu ergänzen ist:
– bei Kumulierung: „cumulation applied with ..." (Namen der Länder)
– ohne Kumulierung: „no cumulation applied"

2.1.5 Gesundheitszeugnisse

Manche Pflanzen und pflanzliche Produkte benötigen ein Gesundheitszeugnis aus dem Ursprungsland (Informationen unter www.julius-kuehn.de). Das Ausstellungsdatum darf höchstens 14 Tage vor dem Warenversand liegen.

2.2 Eisenbahnverkehr

2.2.1 Frachtbrief

a) für Güter: ein internationaler Frachtbrief für Frachtgut oder Eilgut;
b) für Expressgut: ein internationaler Expressgutschein.

2.2.2–2.2.5

Siehe unter Seefrachten 2.1.2–2.1.5.

2.3 Luftfrachten

Zollflughäfen: Ålesund (AES), Bergen (GBO), Kristianstad (KID), Oslo (OSL), Stavanger (SVG), Tromsø (TOS), Trondheim (TRD), Bodo, Narvik, Sandefjord und weitere

2.3.1 Luftfrachtbrief

Eine Ausfertigung des Luftfrachtbriefes.

2.3.2–2.3.5
Siehe unter Seefrachten 2.1.2–2.1.5.

2.4 Postverkehr
2.4.1 Paketkarte
Paketkartenset mit einer Zollinhaltserklärung, Norwegisch, Deutsch, Dänisch, Schwedisch, Englisch, Französisch. Höchstgewicht 30 kg.
2.4.2–2.4.5
Siehe unter Seefrachten 2.1.2–2.1.5.

Quelle: ecomed-Storck GmbH: Handbuch für Export und Versand: Länder- und Zollinformation kompakt. 6. Auflage. Landsberg: ecomed-Storck GmbH 2020. S. 518 f.

HANDLUNGSAUFGABEN

1. Welche Fragen müssen Anne Schulte und Mete Öczan klären, um den Auftrag von Herrn Sieg zu erfüllen?

2. Nennen Sie die Dokumente, die für die Zollabfertigung der Ausfuhrsendung an der EU-Außengrenze benötigt werden.

3. Stellen Sie die alternativen Möglichkeiten der Ausfuhranmeldung dar, die der Exporteur wählen kann.

4. Erstellen Sie eine Übersicht der Dokumente, die für die Einfuhr der Herrensakkos in Norwegen erforderlich sind.

5. Erläutern Sie die Funktionen der Dokumente.

6. Erstellen Sie die Handelsrechnung für die Ausfuhrsendung.

Textilgroßhandlung   Hannover, 03.08.20..
Fairtext GmbH   Telefon: 0511 4155-15
Walsroder Str. 6 a   Telefax: 0511 4155-11
30625 Hannover

Handelsrechnung/Invoice No.

Pos. Nr./ item no.	Warenbezeichnung/ description of goods	Einzelpreis/ unit price	Gesamtpreis/ total price

Commerzbank
BIC: COBADEFF
IBAN: DE09 2504 0066 0141 9191 00
Handelsregister Hannover Nummer HRB 200147
UST-ID: DE 183 034 912

7. **Stellen Sie die Inhalte zusammen, die ein Konnossement mindestens enthalten muss.**

1. _____

2. _____

3. _____

4. _____

5. _____

6. _____

7. _____

8. _____

9. _____

   _____

10. _____

8. **Entscheiden Sie, welche Art des Konnossements für die Abwicklung des Geschäfts mit Bertoni Kløverhuset Bergen gewählt werden sollte. Begründen Sie Ihre Entscheidung.**

_____

_____

_____

_____

_____

_____

_____

_____

_____

_____

_____

_____

VERTIEFUNGS- UND ANWENDUNGSAUFGABEN

Zur weiteren Vertiefung und Sicherung der Lernergebnisse empfehlen wir das Bearbeiten der Aufgaben und Aktionen des Kapitels 5 in Lernfeld 7 Ihres Lehrbuches „Groß im Handel, 2. Ausbildungsjahr".

6 Wir berücksichtigen internationale Rechtsnormen und Lieferbedingungen bei der Vertragsgestaltung.

HANDLUNGSSITUATION

Herr Sieg hat beschlossen, die unten noch einmal abgebildete Anfrage der Hayden & Sons aus Boston (USA) zu beantworten und ihr ein Angebot zuzusenden.

Hayden & Sons · 17 State Street · Boston, MA 02109

Textilgroßhandlung
Fairtext GmbH
Walsroder Str. 6 a
D-30625 Hannover

Boston, 10 März 20..

Anfrage

Sehr geehrte Damen und Herren,

wir interessieren uns für Damenkostüme aus 100 % Schurwolle (Artikel 6875) aus Ihrem aktuellen Sortiment.

Wir benötigen jeweils 50 Damenkostüme in den Größen M und L. Bitte senden Sie uns ein ausführliches Angebot bis zum 25. März 20.. .

Mit freundlichen Grüßen

Hayden & Sons

Anne Schulte, Caroline König, Sebastian Holpert und Mete Öczan bekommen nun die Aufgabe, einen Entwurf für ein Angebot an Hayden und Sons in englischer Sprache zu erstellen. Dieses Angebot soll alle Inhalte enthalten, die in einem Kaufvertrag mit Hayden & Sons, Bosten (USA) geregelt werden sollten.

Informationen zum Lösen der folgenden Handlungsaufgaben finden Sie im Lehrbuch „Groß im Handel, 2. Ausbildungsjahr" Lernfeld 7, Kapitel 7 (Vertragsgestaltung unter Berücksichtigung internationaler Rechtnormen und Lieferbedingungen) und 3 (Absicherungsmöglichkeiten der Risiken im Außenhandel).

HANDLUNGSAUFGABEN

1. Welche Fragen müssen Anne Schulte, Caroline König, Sebastian Holpert und Mete Öczan klären, um den Auftrag von Herrn Sieg zu erfüllen?

2. Erstellen Sie eine Übersicht über die Inhalte, die der Kaufvertrag mit Hayden & Sons enthalten sollte.

3. Stellen Sie fest, welches Recht bei einem Kaufvertrag zwischen der Fairtext GmbH und Hayden & Sons angewandt wird, wenn das anwendbare Recht nicht ausdrücklich zwischen der Fairtext GmbH und Hayden & Sons vereinbart wurde.

4. Stellen Sie fest, welches Recht die Fairtext GmbH und Hayden & Sons vertraglich vereinbaren können.

_____

_____

_____

_____

_____

_____

5. Beurteilen Sie die Lieferbedingungen EXW, FCA, FOB, CIF und DDP aus der Sicht der Fairtext GmbH.

Lieferbedingung	Beurteilung aus der Sicht der Fairtext GmbH
EXW Hannover	
FCA Hannover	
FOB Hamburg	
CIF Boston	
DDP Boston	

6. **Beurteilen Sie die Lieferbedingungen EXW, FCA, FOB, CIF und DDP aus der Sicht von Hayden & Sons.**

Lieferbedingung	Beurteilung aus der Sicht von Hayden & Sons
EXW Hannover	
FCA Hannover	
FOB Hamburg	
CIF Boston	
DDP Boston	

7. **Erläutern Sie die im Außenhandel üblichen Zahlungsbedingungen.**

Zahlungsbedingung	Erläuterung
Vorauszahlung/Anzahlung	
Zahlung aus einem Dokumenten-Akkreditiv	

Zahlungsbedingung	Erläuterung
Dokumente gegen Kasse (D/P)	
Dokumente gegen Akzept (D/A)	
Zahlung nach Ablauf eines offenen Zahlungsziels	

8. Beurteilen Sie die im Außenhandel üblichen Zahlungsbedingungen aus der Sicht der Fairtext GmbH.

Zahlungsbedingung	Beurteilung aus der Sicht der Fairtext GmbH
Vorauszahlung/Anzahlung	
Zahlung aus einem Dokumenten-Akkreditiv	
Dokumente gegen Kasse (D/P)	
Dokumente gegen Akzept (D/A)	
Zahlung nach Ablauf eines offenen Zahlungsziels	

9. Beurteilen Sie die im Außenhandel üblichen Zahlungsbedingungen aus der Sicht von Hayden & Sons.

Zahlungsbedingung	Beurteilung aus der Sicht von Hayden & Sons
Vorauszahlung/Anzahlung	
Zahlung aus einem Dokumenten-Akkreditiv	
Dokumente gegen Kasse (D/P)	
Dokumente gegen Akzept (D/A)	
Zahlung nach Ablauf eines offenen Zahlungsziels	

10. Legen Sie die folgenden Kaufvertragsinhalte fest. Tragen Sie Ihre Entscheidungen in die folgende Übersicht ein. Begründen Sie jeweils Ihre Entscheidung.

Kaufvertragsinhalte	Begründung der Entscheidung
Lieferungsbedingungen:	

Kaufvertragsinhalte	Begründung der Entscheidung
Zahlungsbedingungen:	
Währung:	
Gerichtsstandsvereinbarung/ Schiedsgerichtsvereinbarung:	
Anwendbares Recht	

11. Erstellen Sie den Entwurf für ein schriftliches Angebot an Hayden & Sons in englischer Sprache.

WIR BERÜCKSICHTIGEN INTERNATIONALE RECHTSNORMEN UND LIEFERBEDINGUNGEN BEI DER VERTRAGSGESTALTUNG.

phone: +49 (511) 4155 – 15
fax: +49 (511) 4155 – 11
e-mail: _____
internet: _____

Fairtext GmbH, Walsroder Straße 6, 30625 Hannover

VERTIEFUNGS- UND ANWENDUNGSAUFGABEN

Zur weiteren Vertiefung und Sicherung der Lernergebnisse empfehlen wir das Bearbeiten der Aufgaben und Aktionen in Kapitel 7 des Lernfeldes 7 in Ihrem Lehrbuch „Groß im Handel, 2. Ausbildungsjahr".

7 Wir erkennen die Bedeutung von grundsätzlichen Strategien in der Außenwirtschaftspolitik und der Mitgliedschaft in internationalen Wirtschaftsorganisationen

HANDLUNGSSITUATION

Die Auszubildenden der Fairtext GmbH treffen sich in der Mittagspause.

Anne Schulte: „Wusstest du schon, dass wir in der Fairtext GmbH mit 158 Ländern Geschäftsbeziehungen jetzt und irgendwann in der Vergangenheit unterhalten und unterhalten haben?
Das sagte mir vorhin Herr Raub. Er nannte beispielhaft auch verschiedene Länder:
Zypern, Norwegen, Kanada, Ecuador, Brasilien, Indonesien, Neuseeland. Das ist ganz schön beeindruckend, finde ich."

Sebastian Holpert: „Wieso? Das ist doch heutzutage genauso, wie mit einem Unternehmen in Frankreich Handel zu treiben."

Anne Schulte: „Na, ganz so einfach ist das nicht. Frankreich gehört ja wie die Bundesrepublik zur EU. **Das bedeutet, dass der Händler beim Handel** mit diesen Ländern viele Nachteile, die man sonst im Außenhandel hat, nicht befürchten muss. Also Kontakte zu französischen Unternehmen sind heute tatsächlich kein Problem mehr. Aber andere Staaten gehören oft anderen Wirtschaftsblöcken an. Innerhalb dieser Wirtschaftsbündnisse gilt meistens auch der Freihandel. Nach außen hin agieren sie aber häufig protektionistisch."

Sebastian Holpert: „Protektionistisch? So ganz ist mir nicht klar, was das bedeutet."

Anne Schulte: „Da wird manchmal mit harten Bandagen gekämpft. So wurden gerade Jeans aus Thailand und Südkorea von der EU mit Strafzöllen belegt, weil sie in der EU mit Dumpingpreisen angeboten wurden. Andererseits möchte China eine Erhöhung der Einfuhrquoten …"

Sebastian Holpert: „Also, ich weiß nicht. Das ist viel zu viel Aufwand, sich um den Außenhandel zu kümmern. Das meine ich für Deutschland im Allgemeinen, für die Fairtext GmbH im Speziellen … Ich gehe sogar noch weiter: Großhandlungen brauchen sich nicht um den Außenhandel zu kümmern."

Anne Schulte: „Da bin ich anderer Ansicht. Jede Großhandlung muss sich um den Außenhandel kümmern …"

Informationen zum Lösen der folgenden Handlungsaufgaben finden Sie im Lehrbuch „Groß im Handel, 2. Ausbildungsjahr" im Kapitel 8 (Einfluss von internationalen Handelsabkommen auf den Warenhandel mit EU und Drittländern) des Lernfeldes 7.

HANDLUNGSAUFGABEN

1. Führen Sie Vorteile für ein Großhandelsunternehmen wie die Fairtext GmbH auf, wenn es im Außenhandel tätig ist.

_____

_____

2. Stellen Sie fest, welche Bedeutung der Handel mit dem Ausland für die Bundesrepublik Deutschland hat.

_____

_____

_____

3. Stellen Sie die zwei grundlegenden Strategien in der Außenwirtschaftspolitik gegenüber.

4. Geben Sie Gründe dafür an, warum protektionistische Maßnahmen ergriffen werden.

_____

_____

5. Führen Sie verschiedene protektionistische Maßnahmen auf.

Direkte protektionistische Maßnahmen der Außenhandelsbeschränkung	Indirekte protektionistische Maßnahmen zur Beschränkung des Außenhandels

6. Stellen Sie fest, welche Auswirkungen protektionistische Maßnahmen auf die Fairtext GmbH haben können.

7. Alle in der Handlungssituation genannten Länder gehören einem Wirtschaftsblock an.

a) **Ordnen Sie die folgenden Länder einem Wirtschaftsblock zu:**

Brasilien
Ecuador
Indonesien
Kanada
Neuseeland
Norwegen
Zypern

b) **Führen Sie den jeweiligen vollen Namen des Wirtschaftsblocks auf.**

c) **Geben Sie einen kurzen Hinweis auf die Region, in der sich die Mitgliedstaaten des Wirtschaftsblocks befinden.**

d) **Führen Sie mindestens zwei weitere Mitgliedsländer des Wirtschaftsblocks auf.**

Wirtschafts-block	Vollständiger Name	Land	Region	Beispiele für weitere Mitgliedsländer
EU				
EFTA				
USMCA				

Wirtschafts-block	Vollständiger Name	Land	Region	Beispiele für weitere Mitgliedsländer
CAN				
Merkosur				
ASEAN				
APEC				

8. Begründen Sie, warum die Mitgliedschaft der Bundesrepublik in der Europäischen Union Vorteile für die Fairtext GmbH bringt.

_____

_____

_____

9. Führen Sie Merkmale der Wirtschaftsunion im Rahmen der EU auf.

_____

_____

_____

_____

_____

_____

VERTIEFUNGS- UND ANWENDUNGSAUFGABEN

Zur weiteren Vertiefung der Lerninhalte und Sicherung der Lernergebnisse empfehlen wir die Bearbeitung der Aufgaben und Aktionen in Kapitel 8 des Lernfeldes 7 Ihres Lehrbuches „Groß im Handel, 2. Ausbildungsjahr".

1 Wir führen zeitliche Abgrenzungen durch

HANDLUNGSSITUATION

Kurz vor Jahresende. Caroline König und Frau Staudt sind mit Jahresabschlussarbeiten beschäftigt.

Frau Staudt: *„Caroline, wir müssen noch die folgenden vier Fälle erfassen, die sind bisher liegen geblieben:*

– Jetzt am Jahresende steht die Rechnung der Stadtwerke für den Monat Dezember aus. Nach Ablesen der verschiedenen Stromzähler ermitteln wir Stromkosten in Höhe von 1.087,00 € (Fall 1).

– Die Fairtext GmbH hat früher der Grotex GmbH ein Darlehen gewährt. Diese muss halbjährlich am 30. April und 31. Oktober einen Zinsbetrag in Höhe von 1.600,00 € überweisen (Fall 2).

– Die Versicherungen für unsere Pkw und Lkw in Höhe von 8.000,00 € wurden am 1. Oktober für ein Jahr im Voraus überwiesen (Fall 3).

– Die Fairtext GmbH hat ein zu klein gewordenes Lager in Rostock an die Garbers OHG vermietet. Diese zahlt am 1. Dezember die Vierteljahresmiete in Höhe von 18.000,00 € im Voraus (Fall 4)."

Caroline König: *„Das sind ja einfache Fälle, das habe ich schon im Berufsschulunterricht gelernt."*

Frau Staudt: *„Langsam, langsam, so einfach, wie das scheint, ist es nicht! Haben Sie die zeitliche Abgrenzung bedacht?"*

Caroline König: *„Abgrenzung?"*

In diesem Moment klopft es und Herr Hahnenkamp betritt den Raum.

Herr Hahnenkamp: *„Gerichtsverfahren gegen die Bauer Textilfabrik. Sie wissen ja, vor Gott und vor Gerichten ist jeder gleich. Falls das Ganze schiefgeht und wir verlieren sollten, müssen wir mit Prozesskosten in Höhe von 3.600,00 € rechnen (Fall 5)."*

Frau Staudt: *„Geht klar, wir sind sowieso gerade bei den zeitlichen Abgrenzungen."*

Informationen zum Lösen der folgenden Handlungsaufgaben finden Sie in Ihrem Lehrbuch „Groß im Handel, 2. Ausbildungsjahr", in Lernfeld 8 in den Kapiteln 1 (Jahresabschlusserstellung) und 6 (Zeitliche Abgrenzung – Rückstellungen und Rechnungsabgrenzungsposten).

HANDLUNGSAUFGABEN

1. Geben Sie an, vor welchem Problem die Fairtext GmbH in den Fällen 1 bis 4 steht.

2. Unterscheiden Sie

a) **Aufwand und Ausgabe,**
b) **Ertrag und Einnahme.**

Aufwand:	Ertrag:

Ausgabe:	Einnahme:

3. Es werden zunächst vier grundsätzliche Fälle der zeitlichen Abgrenzung unterschieden.

a) **Ergänzen Sie die Tabelle jeweils um die Begriffe Ertrag, Einnahme, Ausgabe, Aufwand.**
b) **Geben Sie das jeweils zur Abgrenzung verwendete Konto an.**

Fall Nr.	Fall	Altes Jahr	Neues Jahr	Zur zeitlichen Abgrenzung verwendetes Konto
1	Am Jahresende steht die Rechnung der Stadtwerke für den Monat Dezember aus. Nach Ablesen der verschiedenen Stromzähler werden Stromkosten in Höhe von 1.087,00 € ermittelt.			
2	Die Fairtext GmbH hat früher der Grotex GmbH ein Darlehen gewährt. Diese muss halbjährlich am 30. April und 31. Oktober einen Zinsbetrag in Höhe von 1.600,00 € an die Fairtext GmbH überweisen.			
3	Die Versicherungen für die Pkw und Lkw der Fairtext GmbH in Höhe von 8.000,00 € wurden am 1. Oktober für ein Jahr im Voraus überwiesen.			
4	Die Fairtext GmbH hat ein zu klein gewordenes Lager in Rostock an die Garbers OHG vermietet. Diese zahlt am 1. Dezember die Vierteljahresmiete in Höhe von 18.000,00 € im Voraus.			

4. Caroline und Frau Staudt kümmern sich zunächst um Fall 1:

Am Jahresende steht die Rechnung der Stadtwerke für den Monat Dezember noch aus. Nach Ablesen der verschiedenen Stromzähler werden Stromkosten in Höhe von 1.087,00 € ermittelt.

a) **Erläutern Sie zunächst die für diesen Fall notwendigen Buchungen.**

_____

_____

_____

_____

b) **Nehmen Sie die Buchung im alten Jahr vor.**

Buchungssatz	Soll	Haben

c) **Geben Sie an, wie im neuen Jahr bei Ausgleich der Stromrechnung mittels Banküberweisung zu buchen ist.**

Buchungssatz	Soll	Haben

5. Caroline und Frau Staudt klären den Fall 2:

Die Fairtext GmbH hat früher der Grotex GmbH ein Darlehen gewährt. Diese muss halbjährlich (30.4. und 31.10.) einen Zinsbetrag in Höhe von 1.200,00 € überweisen.

a) **Erläutern Sie zunächst die für diesen Fall notwendigen Buchungen.**

_____

_____

_____

b) **Berechnen Sie, wie viel Euro abgegrenzt werden müssen.**

_____

_____

c) Nehmen Sie die Buchung im alten Jahr vor.

Buchungssatz	Soll	Haben

d) Geben Sie an, wie im neuen Jahr beim Zahlungseingang aufs Bankkonto zu buchen ist.

Buchungssatz	Soll	Haben

6. Danach wartet Fall 3:
Die Versicherungen für Pkw und Lkw in Höhe von 8.000,00 € wurden am 1. Oktober für ein Jahr im Voraus über-wiesen.

a) **Erläutern Sie zunächst die für diesen Fall notwendigen Buchungen.**

_____

_____

_____

_____

b) **Nehmen Sie die Buchung im alten Jahr vor.**

Buchungssatz	Soll	Haben

c) **Geben Sie an, über welches Konto die aktive Rechnungsabgrenzung abgeschlossen wird.**

_____

_____

d) **Geben Sie an, wie im neuen Jahr zu buchen ist.**

Buchungssatz	Soll	Haben

7. Schließlich gehen Caroline und Frau Staudt an Fall 4:
Die Fairtext GmbH hat ein zu klein gewordenes Lager in Rostock an die Garbers OHG vermietet. Diese zahlt am 1. Dezember die Vierteljahresmiete in Höhe von 18.000,00 € im Voraus.

a) **Erläutern Sie zunächst die für diesen Fall notwendigen Buchungen.**

b) **Nehmen Sie die Buchung im alten Jahr vor.**

Buchungssatz	Soll	Haben

c) **Geben Sie an, über welches Konto die passive Rechnungsabgrenzung abgeschlossen wird.**

d) **Geben Sie an, wie im neuen Jahr zu buchen ist.**

Buchungssatz	Soll	Haben

8. Auch Fall 5 dient der Abgrenzung: Die Fairtext GmbH führt einen Gerichtsprozess und rechnet mit Gerichtskosten in Höhe von 3.600,00 €.

a) **Geben Sie an, wodurch sich der Fall 5 von den Fällen 1 bis 4 unterscheidet.**

b) **Nehmen Sie die Buchung im alten Jahr vor. Die Fairtext GmbH überweist vom Bankkonto.**

Buchungssatz	Soll	Haben

c) Der Prozess ist im neuen Jahr beendet. Damit hat die Rückstellung im neuen Jahr ihren Zweck erfüllt. Sie wird aufgelöst, wenn der zu zahlende Betrag feststeht.

ca) **Die Prozesskosten entsprechen dem geschätzten Betrag.**

Buchungssatz	Soll	Haben

cb) **Die Prozesskosten liegen um 3.600,00 € unter dem geschätzten Betrag: Der Prozess wurde gewonnen.**

Buchungssatz	Soll	Haben

cc) **Die Prozesskosten liegen mit 5.000,00 € über dem geschätzten Betrag von 3.600,00 €. Der gesamte Betrag wird vom Bankkonto überwiesen.**

Buchungssatz	Soll	Haben

VERTIEFUNGS- UND ANWENDUNGSAUFGABEN

1. Die Fairtext GmbH bezahlt am 1. Oktober des alten Jahres die Kfz-Steuer in Höhe von 240,00 € für einen Firmen-Lkw für den Zeitraum 1. Oktober bis Ende September des neuen Jahres.

a) **Geben Sie an, welches Konto zur Abgrenzung verwendet werden muss, und begründen Sie dies.**

b) **Ermitteln Sie den Betrag, der im alten Jahr erfolgswirksam gebucht werden muss, und welcher Betrag durch zeitliche Abgrenzung in die Erfolgsrechnung des neuen Jahres überführt werden muss.**

2. Die Fairtext GmbH schätzt die Gewerbesteuer, deren genaue Höhe erst nachträglich im neuen Jahr vom Finanzamt ermittelt und eingefordert wird, für das alte Jahr auf 56.000,00 €.

Erläutern Sie, welches Konto verwendet werden muss.

3. Die Fairtext GmbH bekommt die Zinsen für ein Bankguthaben von ihrer Hausbank nachträglich gutgeschrieben. Für den Monat Dezember sind das 250,00 €.
Auf dem Bankkonto geht der Zinsbetrag für den vergangenen Monat immer erst am 4. des Folgemonats ein.

Erläutern Sie, welches Konto verwendet werden muss.

4. Die Provision für einen Handelsvertreter für den Monat Dezember in Höhe von 4.000,00 € wird von der Fairtext GmbH erst im Januar überwiesen.

Erläutern Sie, welches Konto verwendet werden muss.

5. Die Fairtext GmbH vermietet einen Teil ihres Bürogebäudes in Braunschweig an die Hoffmann KG. Diese muss 1.000,00 € pro Monat zahlen. Die Büromiete ist für zwei Monate im Voraus (Buchung am 01.12. für Dezember, Januar und Februar) zu überweisen.

a) **Erläutern Sie, welches Konto verwendet werden muss.**

b) **Geben Sie an, welcher Betrag abzugrenzen ist.**

Zur weiteren Vertiefung und Sicherung der Lernergebnisse empfehlen wir das Bearbeiten der Aufgaben und Aktionen in den Kapiteln 1 und 6 des Lernfeldes 8 in Ihrem Lehrbuch „Groß im Handel, 2. Ausbildungsjahr".

2 Wir erfassen Wertminderungen des Anlagevermögens als Abschreibungen

HANDLUNGSSITUATION

Die Fairtext GmbH hat sich zu Beginn des Jahres einen großen Lkw gekauft, mit dem sie die vielen Filialen in ganz Deutschland beliefern will. Herr Hahnenkamp hat diese Entscheidung getroffen, um unabhängiger von den Frachtführern zu sein und um flexibler auf spontane Entwicklungen im Unternehmen reagieren zu können.

Außerdem sind zu Beginn des Jahres noch weitere Wirtschaftsgüter angeschafft worden, die nachfolgend aufgeführt sind.

1. Rechnung für einen Lkw, Nettopreis 360.000,00 € (vom 07.01.20..)
2. Rechnung für zwei neue Notebooks zu je 750,00 € netto (vom 15.01.20..)
3. Rechnung für eine neue Schreibtischlampe, 95,00 € netto (vom 18.01.20..)
4. Ein neuer Schreibtisch, Nettopreis 580,00 € (vom 22.01.20..)
5. Vier neue Schreibtischstühle zu je 180,00 € (vom 24.01.20..)

Frau Staudt und die Auszubildende Caroline König aus der Abteilung Rechnungswesen bekommen diese Rechnungen auf den Tisch. Diese sollen jeweils per Banküberweisung beglichen werden.

Caroline König: *„Frau Staudt, hier sind viele Rechnungen, die wir noch buchen müssen. Vor allem ist eine Rechnung über einen Lkw von 428.400,00 € brutto dabei. Das ist ja sehr viel. Da werden wir in* diesem Geschäftsjahr wohl einen hohen Verlust einfahren."

Frau Staudt: *„Das ist in der Tat viel Geld. Aber daraus kann man nicht schließen, dass die Fairtext GmbH Verlust machen wird. Der Lkw geht erstens als Anlagevermögen in die Bilanz ein und zweitens werden die Aufwendungen jährlich als Abschreibungen verbucht."*

Caroline König: *„Abschreibungen? Was soll das sein?"*

Frau Staudt: *„Da gibt es gesetzliche Bestimmungen bei den Abschreibungssätzen und der Nutzungsdauer. Außerdem muss man zwischen Anlagevermögen und geringwertigen Wirtschaftsgütern unterscheiden. Am besten erstellen wir erst einmal einen Abschreibungsplan und dann gucken wir, wie wir diese Geschäftsfälle buchen können ..."*

Informationen zum Lösen der folgenden Handlungsaufgaben finden Sie in Ihrem Lehrbuch „Groß im Handel, 2. Ausbildungsjahr" in den Kapiteln 2 (Bewertungsvorschriften der Vermögens- und Schuldenwerte eines Unternehmens) und 3 (Bewertungsmethoden des Anlagevermögens) des Lernfeldes 8.

HANDLUNGSAUFGABEN

1. Welche Fragen muss Caroline klären?

_____

_____

_____

_____

_____

_____

2. „Abschreibungen berücksichtigen die Wertminderung einer Sachanlage", sagt Frau Staudt.

a) **Erläutern Sie diese Aussage am Beispiel des Einkaufs eines neuen Lkw der Fairtext GmbH.**

b) **Nennen Sie drei Bewertungsmaßstäbe, die für die Abnutzung einer Sachanlage herangezogen werden können.**

3. Frau Staudt erklärt Caroline, dass es auch geringwertige Wirtschaftsgüter gibt, die nach anderen Kriterien abgeschrieben werden.

a) **Was ist der Unterschied zwischen den „normalen" Sachanlagen und den geringwertigen Wirtschaftsgütern?**

b) Bei den geringwertigen Wirtschaftsgütern wird zwischen der Sofortabschreibungsmethode, der Poolabschreibungsmethode und der Regelabschreibungsmethode unterschieden. **Erläutern Sie diese drei Methoden kurz.**

Abschreibungsmethode	Erläuterung
Sofortaufwand-/Sofortabschreibungsmethode	
Poolabschreibungsmethode	
Regelabschreibungsmethode	

c) **Caroline soll nun die fünf im Ausgangsfall dargestellten abnutzbaren Wirtschaftsgüter den Erläuterungen zuordnen. Außerdem soll sie die Anschaffungswerte für die dargestellten Abschreibungsmöglichkeiten festlegen.**

Anschaffungswert				
Abschreibungsmöglichkeit	Regelabschreibung	Regelabschreibung oder Sofortabschreibung	Regelabschreibung oder Poolabschreibung	Regelabschreibung oder Sofortabschreibung oder Poolabschreibung
Wirtschaftsgut (Ausgangslage)				

4. Caroline bekommt von Frau Staudt den Auftrag, für den Lkw einen Abschreibungsplan für die gesamte Nutzungsdauer zu erstellen.

a) **Erstellen Sie einen Abschreibungsplan für den Lkw bei einer Nutzungsdauer von neun Jahren, indem Sie den jährlichen AfA-Satz berechnen (AfA = Absetzung für Abnutzung) und den buchhalterischen Restwert bestimmen.**

Jahr	AfA	Buchwert/Restwert
Anschaffung 07.01.01 (01 = 1. Jahr)		
31.12. Jahr 01		
31.12. Jahr 02		
31.12. Jahr 03		
31.12. Jahr 04		
31.12. Jahr 05		
31.12. Jahr 06		
31.12. Jahr 07		
31.12. Jahr 08		
31.12. Jahr 09		

b) **Wie wird ein komplett abgeschriebenes Wirtschaftsgut grundsätzlich buchhalterisch erfasst?**

c) Im Januar Jahr 01 soll Anne die Eingangsrechnung für den Lkw buchen. **Wie lautet der entsprechende Buchungssatz?**

Buchungssatz bei Anschaffung	Soll	Haben

d) Am 31.12. Jahr 01 soll Caroline nun die Buchung für die erste Abschreibung des Lkw vornehmen. **Wie lautet der entsprechende Buchungssatz?**

Buchungssatz zum Jahresende	Soll	Haben

e) **Wie lautet der Buchungssatz zur Buchung des Fuhrparks auf das SBK am Jahresende des Jahres 01?**

Buchungssatz zum Jahresende	Soll	Haben

5. Die Schreibtischlampe zum Nettopreis von 95,00 € soll von Caroline nach Rechnungseingang direkt als Aufwand gebucht werden.

a) **Wovon ist es abhängig, ob die Fairtext GmbH die Sofortabschreibungsmethode oder die Regelabschreibungsmethode wählt?**

b) **Buchen Sie die per Banküberweisung bezahlte Schreibtischlampe direkt als Aufwand.**

Buchungssatz bei Anschaffung	Soll	Haben

6. Die Notebooks zu je 750,00 € und den Schreibtisch zu 580,00 € soll Caroline nach einer Unternehmensentscheidung jahrgangsbezogen als Sammelposten abschreiben.

a) **Ermitteln Sie die Höhe des Sammelpostens und die entsprechende jährliche Abschreibung.**

b) **Wie lauten die Buchungsätze dieser beiden Artikel am Tag der Anschaffung?**

Buchungssatz bei Anschaffung	Soll	Haben

c) Am 31.12. Jahr 01 soll Caroline nun die Buchung für die erste Abschreibung des Sammelpostens vornehmen.
Wie lautet der entsprechende Buchungssatz?

Buchungssatz zum Jahresende	Soll	Haben

d) **Wie lautet der Buchungssatz zur Buchung des Sammelpostens auf das SBK am Jahresende des Jahres 01?**

Buchungssatz zum Jahresende	Soll	Haben

7. Caroline bekommt von Frau Staudt nun den Auftrag, die vier neuen Schreibtischstühle zu je 180,00 € sofort abzuschreiben.
a) **Wie lautet der Buchungssatz bei Anschaffung der Schreibtischstühle?**

Buchungssatz bei Anschaffung	Soll	Haben

b) Am 31.12. Jahr 01 soll Caroline die sofortige Abschreibung der Schreibtischstühle vornehmen.
Wie lautet der entsprechende Buchungssatz?

Buchungssatz zum Jahresende	Soll	Haben

c) **Wie hoch ist nun also der buchhalterische Schlussbestand am Jahresende für die Schreibtischstühle?**

VERTIEFUNGS- UND ANWENDUNGSAUFGABEN

1. Anlagegüter (keine Leistungsabschreibungen), die während des Wirtschaftsjahres angeschafft werden, werden in der Praxis häufig nach Nutzungsmonaten abgeschrieben.
a) **Ermitteln Sie für nachfolgende Anlagegüter den Abschreibungsbetrag.**

Nr.	Anlagegut	angeschafft am	Anschaffungs-wert	Nutzungsdauer	Abschreibungsbe-trag
1.	Lkw	25.03.20..	270.000,00 €	9 Jahre	
2.	Registrierkasse/ Kassensystem	07.07.20..	2.250,00 €	6 Jahre	
3.	Reißwolf	19.10.20..	3.200,00 €	8 Jahre	
4.	Kopiergerät	20.04.20..	14.000,00 €	7 Jahre	

Nr.	Anlagegut	angeschafft am	Anschaffungswert	Nutzungsdauer	Abschreibungsbetrag
5.	Fertigungsmaschine	17.06.20..	156.000,00 €	13 Jahre	
6.	Pkw	19.09.20..	45.000,00 €	6 Jahre	
7.	Reißwolf	17.10.20..	2.800,00 €	8 Jahre	
8.	Kopiergerät	15.04.20..	8.400,00 €	7 Jahre	

b) **Wie lauten die Abschlussbuchungen (Buchungssätze) für die Abschreibungen der entsprechenden Anschaffungen bzw. Verkäufe?**

Nr.	Buchungssatz bei Anschaffung	Soll	Haben
1.			
2.			
3.			
4.			
5.			
6.			
7.			
8.			

2. **Wie wirken sich die am Jahresende durchgeführten Abschreibungen auf die Fairtext GmbH aus?**

	Durch die Abschreibung werden die Kosten der Fairtext GmbH gesenkt und der Gewinn erhöht.
	Die Anschaffungskosten eines Anlagegutes werden durch die Abschreibung auf die vorgesehenen Nutzungsjahre verteilt.
	Durch den Abschreibungsprozentsatz werden die Nutzungsjahre eines Anlagegutes festgelegt.
	Durch die Abschreibung werden die Kosten und der Gewinn der Fairtext GmbH gesenkt.
	Durch die Abschreibung werden die Kosten und der Gewinn der Fairtext GmbH erhöht.

3. Eine Maschine der Fairtext GmbH wurde im letzten Jahr komplett abgeschrieben, wodurch sich die gesamten Abschreibungsbeträge in diesem Jahr um 10.000,00 € verringern.
Welche Auswirkungen hat dies auf die Fairtext GmbH, wenn alle übrigen Aufwendungen und Erträge gleich bleiben?

	Der Wert der Anlagegüter der Fairtext GmbH erhöht sich.
	Der Gewinn der Fairtext GmbH wird niedriger.
	Die Maschine der Fairtext GmbH muss stillgelegt werden.
	Der Gewinn der Fairtext GmbH wird höher.
	Die Bilanzsumme der Fairtext GmbH wird höher.

4. Für mehrere Anlagegüter hat sich die Nutzungsdauer laut AfA-Tabelle des Finanzministeriums verlängert.
Welche Auswirkungen haben sich hierdurch für die davon betroffene Fairtext GmbH ergeben?

	Die Handlungskosten der Fairtext GmbH sind gestiegen.
	Die möglichen jährlichen Abschreibungsbeträge sind gesunken.
	Die Kreditwürdigkeit der Fairtext GmbH ist gestiegen.
	Der zu versteuernde Gewinn der Fairtext GmbH ist gesunken.
	Die finanziellen Mittel für Neuinvestitionen sind gestiegen.

Zur weiteren Vertiefung der Lerninhalte und Sicherung der Lernergebnisse empfehlen wir das Bearbeiten der Aufgaben und Aktionen in den Kapiteln 2 und 3 des Lernfeldes 8 in Ihrem Lehrbuch „Groß im Handel, 2. Ausbildungsjahr".

3 Wir bewerten das Anlagevermögen

HANDLUNGSSITUATION

Caroline König und Frau Staudt sitzen in ihrem Büro. Herr Hahnenkamp kommt herein.

Herr Hahnenkamp: *„Morgen, so kurz vor Jahresende haben Sie im Rechnungswesen ja immer besonders viel zu tun. Und nun komme ich und halse Ihnen noch zwei Probleme auf ..."*

Frau Staudt: *„Das kann uns nicht erschüttern, oder, Caroline?"*

Caroline König: *„Nein!"*

Frau Staudt: *„Worum geht es denn?"*

Herr Hahnenkamp: *„Einerseits (Fall 1): Wir hatten vor fünf Jahren Flurförderzeuge angeschafft. Die wollten wir linear auf zehn Jahre abschreiben. Die Leute im Lager sagen, dass jetzt bei dieser Marke technische Probleme aufgetreten seien, die zu einer dauerhaften Wertminderung von 6.000,00 € geführt hätten."*

Caroline König: „Zu welchem Betrag hatten wir denn die Flurförderzeuge damals angeschafft?"

Frau Staudt: „Warten Sie, ich schaue mal. Der Listeneinkaufspreis betrug damals 50.000,00 €. Es wurde ein Rabatt von 10 % gewährt. Es fielen noch Montage- und Einrichtungskosten in Höhe von 1.000,00 € an. Dann können Sie die damals angesetzten Anschaffungskosten ja ziemlich schnell berechnen.

Ja, Herr Hahnenkamp, um die Wertminderung bei den Flurförderzeugen werden wir uns kümmern! Und die zweite Sache?"

Herr Hahnenkamp: „Dann haben wir noch ein Problem (Fall 2) mit unserem Außenlager. Da haben wir das Grundstück immer mit 1.200.000,00 € bilanziert. Entgegen ihren ursprünglichen Absichten hat die Kommune nun aber entschieden, das Gewerbegebiet doch nicht an die Autobahn anzuschließen. Einige Unternehmen wollen sich dort jetzt nicht mehr ansiedeln. Gut, wir haben unser modernes Lager jetzt dort, aber wir müssen von einer dauerhaften Wertminderung von 300.000,00 € ausgehen."

Frau Staudt: „Ja, auch darum kümmern wir uns!"

Informationen zum Lösen der folgenden Handlungsaufgaben finden Sie in Ihrem Lehrbuch „Groß im Handel, 2. Ausbildungsjahr" in Kapitel 3 (Bewertungsmethoden des Anlagevermögens) des Lernfeldes 8.

HANDLUNGSAUFGABEN

1. Geben Sie an, vor welchen Problemen die Fairtext GmbH steht.

_____

_____

_____

_____

2. Geben Sie an, was neben technischen Anlagen und Maschinen noch zum abnutzbaren Anlagevermögen gehören kann.

_____

_____

3. Führen Sie auf, wodurch sich die Anlagegüter in Fall 1 und Fall 2 unterscheiden.

_____

_____

_____

_____

_____

4. Erläutern Sie, wie Anlagegüter bei ihrer Anschaffung vor vier Jahren in der Bilanz bewertet wurden.

a) **Ergänzen Sie die Tabelle.**

b) **Berechnen Sie die Anschaffungskosten der Flurförderzeuge.**

Anschaffungs-kosten =			
Erläuterung:	Kosten für erworbene Anlagegüter beim erstmaligen Ansatz in der Bilanz			
Beispiel:				

c) Bei der Bewertung von Anlagegütern bei ihrer Beschaffung gilt das Anschaffungskostenprinzip (Anschaffungswertprinzip). **Erläutern Sie diesen Begriff.**

_____

_____

_____

_____

_____

_____

_____

_____

5. Ermitteln Sie (Fall 1)

a) **den jährlichen Abschreibungsbetrag (ausgehend von den in Aufgabe 4 berechneten Anschaffungskosten).**

b) **den Buchwert nach vier Jahren.**

c) **den Buchwert zum 31.12. dieses Jahres (nach insgesamt fünf Jahren) mithilfe der folgenden Tabelle:**

Buchwert nach 4 Jahren	
− Planmäßige Abschreibung 5. Jahr	
= Normaler Buchwert nach 5 Jahren (fortgeführte Anschaffungskosten)	
− Außerplanmäßige Abschreibung aufgrund dauerhafter Wertminderung	
Neuer, in der Bilanz anzusetzender Buchwert nach 5 Jahren	

6. **Nehmen Sie die Buchung für die Abschreibung nach dem 5. Jahr vor.**

Buchungssatz	Soll	Haben

7. **Geben Sie an, was neben Grundstücken noch zum nicht abnutzbaren Anlagevermögen gehören kann.**

_____

_____

8. **Nehmen Sie die Buchung für die Wertminderung des Grundstücks (Fall 2) vor.**

Buchungssatz	Soll	Haben

9. Ein Jahr später: Aufgrund des Wahlsieges der bisherigen Oppositionspartei ändert sich die Zusammensetzung des Rates. Es wird nun entschieden, das Gewerbegebiet doch an die Autobahn anzubinden. Der Wert des Grundstücks (Fall 2) steigt nun wieder um 300.000,00 €.

a) **Erläutern Sie vor diesem Hintergrund das Wertaufholungsgebot.**

_____

_____

b) **Nehmen Sie die entsprechende Buchung vor.**

Buchungssatz	Soll	Haben

VERTIEFUNGS- UND ANWENDUNGSAUFGABEN

1. Die ELEX GmbH kauft eine Verpackungsmaschine für 23.800,00 € brutto. Es fallen noch Transportkosten in Höhe von 1.000,00 € netto, Montagekosten von 1.200,00 € netto sowie eine Transportversicherung in Höhe von 500,00 € netto an. Die Rechnung des Lieferanten wird vereinbarungsgemäß unter Abzug von 2 % Skonto durch Banküberweisung beglichen.

Berechnen Sie die Anschaffungskosten, die in der Bilanz anzusetzen sind.

Anschaffungspreis	
–	
+	
= Anschaffungskosten in der Bilanz	

2. Die Elektrogroßhandlung ELEX GmbH ist im Gewerbegebiet einer niedersächsischen Stadt beheimatet. Im Jahr X stellt sich heraus, dass das Grundstück erheblich mit Schadstoffen belastet ist. Daraufhin sinkt der Wert des Grundstücks um 120.000,00 €.

Im Jahr Y wird der Boden saniert. Der Marktwert steigt wieder um 90.000,00 €.

Nehmen Sie die jeweiligen Buchungen für die ELEX GmbH in den Jahren X und Y vor.

Jahr X:

Buchungssatz	Soll	Haben

Jahr Y:

Buchungssatz	Soll	Haben

Zur weiteren Vertiefung und Sicherung der Lernergebnisse empfehlen wir das Bearbeiten der Aufgaben und Aktionen in Kapitel 3 des Lernfeldes 8 in Ihrem Lehrbuch „Groß im Handel, 2. Ausbildungsjahr".

4 Wir bewerten die Vorräte

HANDLUNGSSITUATION

Kurz vor Jahresende. Caroline König kommt von einem dreitägigen Warenkundeseminar.

Caroline König: „Frau Staudt,, was liegt denn heute an?"

Frau Staudt: „Ich bin gerade fast fertig mit der Bewertung des Umlaufvermögens. Wir müssen nur noch zwei Posten des Umlaufvermögens bewerten."

Caroline König: „Bewertung des Umlaufvermögens? Schade, da habe ich durch das Seminar ja leider komplett verpasst, was dabei zu beachten ist."

Frau Staudt: „Nicht weiter schlimm. Ich erkläre es Ihnen anhand der zwei letzten Positionen:
Wir haben einerseits noch 187 Stück der Sakkos der Firma HOSS auf Lager.
Eingekauft haben wir sie im Oktober für 232,00 €.
Ja, und dann haben wir noch unsere Knöpfe zu bewerten. Da wenden wir aus bestimmten Gründen ein anderes Bewertungsprinzip an. Schauen Sie sich einmal hier diese Liste an:"

Frau Staudt: „Ach so, verbraucht wurden während des Jahres 11250 kg."

KNÖPFE		
	Menge	**Preis**
Anfangsbestand	2500 kg	3,50 € je kg
1. Zugang (20.04.)	2500 kg	4,00 € je kg
2. Zugang (21.07.)	5000 kg	4,25 € je kg
3. Zugang (17.11.)	2500 kg	4,50 € je kg

Informationen zum Lösen der folgenden Handlungsaufgaben finden Sie in Ihrem Lehrbuch „Groß im Handel, 2. Ausbildungsjahr" in Kapitel 4 (Bewertung des Umlaufvermögens) im Lernfeld 8.

HANDLUNGSAUFGABEN

1. Führen Sie auf, vor welchem Problem die Fairtext GmbH steht.

2. Geben Sie die grundlegenden Prinzipien bei der Bewertung von Vorräten an.

_____

_____

_____

_____

_____

_____

_____

_____

_____

_____

3. Berechnen Sie für die Sakkos den Wert, der in der Bilanz eingesetzt werden muss.

4. Erläutern Sie, warum der Gesetzgeber Ausnahmen von dem grundsätzlichen Prinzip bei der Bewertung von Vorräten zugelassen hat.

_____

_____

_____

_____

_____

5. Berechnen Sie mithilfe der Tabelle, welche Anschaffungskosten für den Anfangsbestand sowie jeweils die drei Zugänge an Knöpfen gelten.

	Menge	Preis	Anschaffungskosten
Anfangsbestand	2 500 kg	3,50 € je kg	8.750
1. Zugang (20.04.)	2 500 kg	4,00 € je kg	10.000
2. Zugang (21.07.)	5 000 kg	4,25 € je kg	10.625
3. Zugang (17.11.)	2 500 kg	4,50 € je kg	11.250
		Gesamte Anschaffungskosten =	40.625,-

6. Ermitteln Sie den Endbestand an Knöpfen.

12.500 kg

7. Erläutern Sie die jährliche Durchschnittswertermittlung.

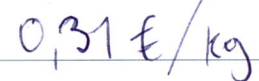

0,31 €/kg

8. Ermitteln Sie den Durchschnittswert je Bewertungseinheit.

9. Berechnen Sie, in welcher Höhe der Endbestand bei der jährlichen Durchschnittswertermittlung in der Bilanz anzusetzen ist.

10. Erläutern Sie das Lifo-Verfahren.

_____

_____

_____

11. Berechnen Sie, in welcher Höhe der Endbestand nach der Lifo-Methode in der Bilanz anzusetzen ist.

12. Wir nehmen an, dass (bei einem Verbrauch von 9 500 kg) der Endbestand bei 3 000 kg liegt.

Geben Sie an, in welcher Höhe der Endbestand in diesem Falle nach der Lifo-Methode zu bewerten wäre.

13. Erläutern Sie das Fifo-Prinzip.

_____

_____

_____

14. Berechnen Sie, in welcher Höhe der Endbestand bei Anwendung der Fifo-Methode in der Bilanz anzusetzen ist.

15. Wir nehmen an, dass (bei einem Verbrauch von 9 500 kg) der Endbestand bei 3 000 kg liegt.

Geben Sie an, in welcher Höhe der Endbestand in diesem Fall nach der Fifo-Methode zu bewerten wäre.

VERTIEFUNGS- UND ANWENDUNGSAUFGABEN

Die Fairtext GmbH muss noch den in der Bilanz anzusetzenden Wert einer speziellen Art von Reißverschlüssen für einen Endbestand von acht Stück ermitteln. Dazu werden folgende Daten herangezogen:

	Menge	Preis
Anfangbestand (01.01.)	20	0,80 €
1. Warenzugang (17.02.)	20	0,70 €
2. Warenzugang (19.07.)	40	0,85 €
3. Warenzugang (18.11.)	20	0,90 €

1. Ermitteln Sie mithilfe der Tabelle die jeweiligen Anschaffungskosten.

	Menge	Preis	Anschaffungskosten
Anfangbestand (01.01.)	20	0,80 €	
1. Warenzugang (17.02.)	20	0,70 €	
2. Warenzugang (19.07.)	40	0,85 €	
3. Warenzugang (18.11.)	20	0,90 €	
	= Stück		= €

2. Ermitteln Sie, wie der Wert der Waren nach der Durchschnittsbewertung berechnet wird.

3. Ermitteln Sie, wie der Wert der Waren nach der Lifo-Methode berechnet wird.

4. Ermitteln Sie, wie der Wert der Waren nach der Fifo-Methode berechnet wird.

Zur weiteren Vertiefung der Lerninhalte und Sicherung der Lernergebnisse empfehlen wir das Bearbeiten der Aufgaben und Aktionen in Kapitel 4 des Lernfeldes 8 in Ihrem Lehrbuch „Groß im Handel, 2. Ausbildungsjahr".

5 Wir bewerten Forderungen

HANDLUNGSSITUATION

24. April:

Caroline König und Frau Staudt unterhalten sich während der Arbeit in der Finanzbuchhaltung:

Caroline König: „Sagen Sie mal, ist die Härkhard GmbH nicht unser Kunde?"

Frau Staudt: „Warum?"

Caroline König: „Ich habe vorhin gerade in der Tageszeitung die Handelsregistereintragungen überflogen. Da war von der Härkhard GmbH die Rede ..."

Frau Staudt: „Haben Sie die Zeitung noch? Zeigen Sie mal! Das ist für uns wichtig! Ich gehe mal schnell ins System: Mmh, ... Wir haben gegenüber dieser Firma Forderungen in Höhe von 47.600,00 €."

HRB 13386 21.04.20.. Härkhard GmbH, Hannover, Bruderwöhrdstr. 15 b, 30165 Hannover. Über das Vermögen der Gesellschaft ist durch Beschluss des Amtsgerichts Hannover vom 01.03.20.. (Az. 54 IN 435/14) das Insolvenzverfahren eröffnet worden. Von Amts wegen eingetragen nach § 65 GmbHG.

25. Oktober:

Caroline König: *„Heute steht mal wieder was über die GmbH in den Handelsregistereintragungen der Zeitung. Hier, schauen Sie mal!"*

HRB 13386 23.10.20.. Härkhard GmbH, Hannover, Bruderwöhrdstr. 15 b, 30165 Hannover. Allgemeine Vertretungsregelung von Amts wegen berichtigt: Durch rechtskräftigen Beschluss des Amtsgerichts Hannover (Az. 2 IN 268/14) vom 23.09.20.. ist die Eröffnung des Insolvenzverfahrens über das Vermögen der Gesellschaft mangels Masse abgelehnt. Die Gesellschaft ist aufgelöst. Von Amts wegen eingetragen nach § 65 GmbHG.

Frau Staudt: *„Dann müssen wir in der Buchhaltung wieder reagieren."*

Informationen zum Lösen der folgenden Handlungsaufgaben finden Sie in Ihrem Lehrbuch „Groß im Handel, 2. Ausbildungsjahr" Kapitel 5 (Bewertung von Forderungen und Verbindlichkeiten) in Lernfeld 8.

HANDLUNGSAUFGABEN

1. **Geben Sie an, vor welchem Problem die Fairtext GmbH steht.**

_____

_____

_____

_____

_____

2. Nach der Sicherheit des Zahlungseingangs werden drei verschiedene Forderungsarten unterschieden.

a) **Erläutern Sie die Forderungsarten.**

b) **Führen Sie das jeweilige Konto auf, das bei der jeweiligen Forderungsart Anwendung findet.**

Forderungsart	Erläuterung	Konto

3. Führen Sie Gründe dafür auf, dass eine normale Forderung zweifelhaft wird.

_____

_____

_____

_____

_____

_____

4. Geben Sie die Buchung an, die am 24. April zu erfolgen hat.

a) **Stellen Sie den Buchungssatz auf:**

Buchungssatz	Soll	Haben

b) **Erläutern Sie diese Buchung.**

_____

_____

_____

_____

5. Wir gehen in dieser Aufgabe davon aus, dass sich am Status der in Aufgabe 4 gebuchten zweifelhaften Forderungen nichts ändert (die Situation vom 25.10. würde nicht eintreten). Auf dem Konto „Zweifelhafte Forderung" wurde in diesem Jahr nur diese Buchung vorgenommen.
Geben Sie die Buchung an, die am 31.12. zu erfolgen hat.

a) **Stellen Sie den Buchungssatz am 31.12. auf:**

Buchungssatz	Soll	Haben

b) **Erläutern Sie diese Buchung.**

_____

_____

_____

6. Geben Sie die Buchung an, die am 25. Oktober zu erfolgen hat.

a) **Stellen Sie den Buchungssatz auf:**

Buchungssatz	Soll	Haben

b) **Erläutern Sie diese Buchung.**

_____

_____

_____

_____

_____

7. **Führen Sie Fälle auf, in denen Forderungen uneinbringlich sind.**

_____

_____

_____

_____

_____

_____

8. Abweichend von der Aufgabe 6 gehen wir davon aus, dass das Konkursverfahren nicht mangels Masse eingestellt wurde. Wir nehmen an, dass ein normales Insolvenzverfahren durchgeführt wurde. Auf dem Konto „Zweifelhafte Forderungen" befinden sich nach wie vor 47.600,00 €. Als Konkursquote ergeben sich nach Abschluss des Insolvenzverfahrens 10 %.

a) **Erläutern Sie den Begriff „Konkursquote".**

_____

_____

_____

b) **Erläutern Sie die Folgen für die Fairtext GmbH.**

_____

_____

c) **Geben Sie die Buchung für den Zahlungseingang auf einem Bankkonto an und stellen Sie den Buchungssatz auf:**

Buchungssatz	Soll	Haben

d) **Erläutern Sie diese Buchung.**

_____

_____

_____

e) **Geben Sie die Buchung für den uneinbringlichen Teil der zweifelhaften Forderungen an und stellen Sie den Buchungssatz auf:**

Buchungssatz	Soll	Haben

f) **Erläutern Sie diese Buchung.**

_____

_____

_____

9. Auf die voll abgeschriebene Forderung gegenüber der Firma Härkhard GmbH geht im Folgejahr wider Erwarten ein Betrag von 11.900,00 € auf dem Bankkonto der Fairtext GmbH ein.

a) **Geben Sie die Buchung für diesen Fall an und stellen Sie den Buchungssatz auf:**

Buchungssatz	Soll	Haben

b) **Erläutern Sie diese Buchung.**

_____

_____

_____

_____

VERTIEFUNGS- UND ANWENDUNGSAUFGABEN

1. Ergänzen Sie den Lückentext um die folgenden Wörter:

> 1010 – 1020 – 2310 – Abschreibungen – Ansprüche – dubiose – Einwandfreie – Fälligkeit – feststeht – Insolvenzverfahren – Mahnung – Masse – normalen – Risiken – sichtbares – Umsatzsteuer – unsicher – voller – Zwangsvollstreckung – Zweifelhafte

Forderungen stellen _____ eines Gläubigers gegenüber einem bestimmten Schuldner dar. Alle

Forderungen eines Unternehmens sind von _____ bedroht. Sie können aus unterschiedlichen Gründen

ganz oder teilweise ausfallen bzw. uneinbringlich werden. Im Rechnungswesen eines Unternehmens werden die

Forderungen daher in folgende drei Bereiche eingeteilt:

_____ Forderungen:

Bei diesen _____ Forderungen ist davon auszugehen, dass der Schuldner bei _____ zahlt.

Solche Forderungen werden auf dem Konto „_____ Forderungen a. LL." gebucht.

Zweifelhafte (_____) Forderungen:

Dies sind Forderungen, bei denen ein deutlich _____ Risiko besteht. Der Zahlungseingang wird

_____.

Beispiele:

– Ein Kunde zahlt nach entsprechender _____ nicht.

– Es wurde ein _____ gegen den Kunden beantragt.

Die normale Forderung wird auf das Konto „_____ _____ Forderungen" umgebucht.

Uneinbringliche Forderungen:

Dies sind Forderungen, deren Ausfall _____.

Beispiele:

– Eine _____ ist ergebnislos geblieben.

– Das Insolvenzverfahren wurde mangels _____ eingestellt.

– Die Forderung ist verjährt.

Diese Forderungen müssen in _____ Höhe mithilfe des Kontos „_____ Übliche _____

auf Forderungen" abgeschrieben werden.

Da der Forderungsausfall endgültig feststeht, ist die _____ zu korrigieren.

Zur weiteren Vertiefung der Lerninhalte und Sicherung der Lernergebnisse empfehlen wir das Bearbeiten der Aufgaben und Aktionen in Kapitel 5 des Lernfeldes 8 in Ihrem Lehrbuch „Groß im Handel, 2. Ausbildungsjahr".

6 Wir bewerten Verbindlichkeiten

HANDLUNGSSITUATION

Kurz vor Jahresende sind Frau Staudt und Caroline König mit Jahresabschlussarbeiten beschäftigt:

Caroline König: „Ich habe hier eine Verbind-
lichkeit gegenüber der ameri-
kanischen Firma Jevys Jeans
aus Seattle im Wert von
50.000,00 US-$. Wir hatten
Anfang Dezember von
dieser Firma Waren zu
einem Kurs von 1,40 US-$
bezogen. Heute beträgt der Kurs aber
1,20 US-$. Was machen wir denn da?"

Frau Staudt: „Ja, ich zeige Ihnen gleich mal, wie man
Verbindlichkeiten bewertet.

*Im letzten Jahr hatten wir eine ähnliche
Situation, nur dass damals der Kurs von
1,40 US-$ auf 1,60 US-$ gestiegen ist."*

Informationen zum Lösen der folgenden Handlungsaufgaben finden Sie in Ihrem Lehrbuch „Groß im Handel, 2. Ausbildungsjahr" in Kapitel 5 (Bewertung von Forderungen und Verbindlichkeiten) in Lernfeld 8.

HANDLUNGSAUFGABEN

1. Vor welchem Problem steht die Fairtext GmbH?

2. Erläutern Sie, was der Kurs 1,40 US-$ bedeutet.

3. Stellen Sie fest,

a) **wie hoch die Verbindlichkeiten der Fairtext GmbH Anfang Dezember zu einem Kurs von 1,40 US-$ sind.**

b) wie sich die Höhe der Verbindlichkeiten zum Ende des Jahres durch die Kursänderung (Kurs nun 1,20 US-$) verändert.

4. Geben Sie an,

a) welches Prinzip bei der Erfassung sich wertmäßig verändernder Verbindlichkeiten gilt.

b) welcher Betrag am 31.12. in der Bilanz anzusetzen ist.

c) wie die Kursdifferenz zu buchen ist.

Buchungssatz	Soll	Haben

5. Im Vorjahr gab es die Situation, dass der Kurs von 1,40 US-$ zum damaligen Jahresende auf 1,60 US-$ gestiegen war.

a) Ermitteln Sie die Höhe der Verbindlichkeiten zu beiden Zeitpunkten.

b) Geben Sie an, in welcher Höhe die Verbindlichkeiten in der Bilanz anzusetzen sind, und begründen Sie dies.

c) Begründen Sie, warum keine Buchung vorgenommen werden muss.

ERWEITERUNG DER HANDLUNGSSITUATION

Frau Staudt: „Caroline, hier habe ich einen ähnlichen Fall. Es geht auch um Verbindlichkeiten. Den kann ich Ihnen auch gleich mal zeigen!"

Caroline König: „Worum geht es denn, Frau Staudt?"

Frau Staudt: „Wir haben bei der Sparkasse Hannover ein Bankdarlehen über 80.000,00 € aufgenommen. Unser Disagio beträgt 1.600,00 €."

Caroline König: „Disagio? Was bedeutet das?"

6. Erläutern Sie den Begriff „Disagio".

_____

_____

_____

7. Tragen Sie für den oben stehenden Fall die richtigen Beträge in die Tabelle ein.

Auszahlungsbetrag	Rückzahlungsbetrag	Disagio

8. Nehmen Sie die Buchung der Darlehensauszahlung vor.

Buchungssatz	Soll	Haben

9. Erläutern Sie die Buchung aus der Aufgabe 8.

_____

_____

_____

10. Nehmen Sie die entsprechenden Buchungen auf den Hauptbuchkonten vor.

S   1310 Kreditinstitute   H   S   0920 Disagio   H

S   0820 Verbindlichk. gg. Ki   H

11. Das Disagio wird dann entweder über die gesamte Laufzeit des Darlehens (fünf Jahre) oder über die Dauer der Zinsbindung verteilt abgeschrieben.

a) **Geben Sie an, welcher Betrag am Bilanzstichtag abgeschrieben wird.**

b) **Nehmen Sie die entsprechende Buchung vor:**

Buchungssatz	Soll	Haben

VERTIEFUNGS- UND ANWENDUNGSAUFGABEN

1. **Überprüfen Sie die folgenden Aussagen auf ihre Richtigkeit.**

Aussage	Richtig	Falsch
Verbindlichkeiten sind mit ihrem Rückzahlungsbetrag anzusetzen.		
Bei der Bewertung von Verbindlichkeiten gilt das Niederstwertprinzip.		
Verbindlichkeiten sind mit ihrem Erfüllungsbetrag zu aktivieren.		
Der Erfüllungsbetrag ist der Betrag, der bei normaler Abwicklung des Geschäfts zur Tilgung der Verpflichtung benötigt wird.		
Fallen die Wechselkurse, darf der Wert der Verbindlichkeiten zum Zeitpunkt der Erstverbuchung nicht unterschritten werden.		
Für ein etwaiges Disagio bei Darlehen und Hypotheken besteht steuerrechtlich eine Passivierungspflicht.		
Ist der Rückzahlungsbetrag niedriger als der Auszahlungsbetrag, spricht man bei der Differenz vom Disagio.		

Zur weiteren Vertiefung der Lerninhalte und Sicherung der Lernergebnisse empfehlen wir das Bearbeiten der Aufgaben und Aktionen in Kapitel 5 des Lernfeldes 8 in Ihrem Lehrbuch „Groß im Handel", 2. Ausbildungsjahr.

7 Wir informieren uns über das Controlling und ermitteln Kennzahlen

HANDLUNGSSITUATION

Anne Schulte ist im Rechnungswesen bei Herrn Franke eingesetzt. Herr Franke übernimmt viele Aufgaben im Bereich des Controllings bei der Fairtext GmbH.

Herr Franke: „Guten Tag, Frau Schulte, schön, dass Sie in Ihrer Ausbildung auch mal bei mir in das Controlling ‚reinschnuppern'. Haben Sie denn schon eine Vorstellung, was ich hier so mache?"

Anne: „Guten Tag, Herr Franke, na ja, ehrlich gesagt, kann ich mir noch nicht so richtig etwas unter Controlling vorstellen."

Herr Franke: „Ach, das ist kein Problem. Das geht den meisten so, wenn sie hier ankommen, am Ende finden sie es aber sehr spannend. Da man als Controller auch so etwas wie die unternehmensinterne Überwachung darstellt, arbeite ich meistens alleine, obwohl ich eigentlich dem Rechnungswesen zugeordnet bin."

Anne: „‚Unternehmensinterne Überwachung'. Das klingt aber wirklich spannend."

Herr Franke: „Ja, das ist es auch. Ich schlage vor, dass Sie sich zunächst einmal darüber informieren, was Controlling überhaupt ist und was wir hier so tun. Was meinen Sie?"

Anne: „Ja, das kann ich machen."

Herr Franke: „Na, keine Angst, das war es aber noch nicht. Natürlich sollen Sie auch einen Einblick in die Arbeit hier bekommen. Ich habe gerade heute die Auswertungen einer unserer Filialen übermittelt bekommen. Diese Auswertung besteht aus der Bilanz und dem GuV-Konto. Die sind Ihnen ja bekannt, oder?"

Anne: „Ja, klar."

Herr Franke: „Gut! Nachdem Sie sich dann informiert haben, was wir hier tun, bereiten Sie mir die Daten bitte auf. Ich möchte, dass Sie mir die Kennzahlen für diese Filiale, soweit mit den vorhandenen Daten möglich, aufbereiten. Außerdem möchte ich, dass Sie sich auch darüber informieren, wie es dann mit den von Ihnen ermittelten Kennzahlen weitergeht."

Anne: „Ähm, ja … Kennzahlen?"

Herr Franke: „Darüber werden Sie im Rahmen Ihrer Informationen über das Controlling schon etwas erfahren. Kommen Sie bitte zu mir, sobald Sie die Daten aufbereitet haben. Hier sind die Unterlagen."

Aktiva		Bilanz 31.12.20..		Passiva
0230	Gebäude	980.000,00	0610 EK	544.338,00
0340	Fuhrpark	76.817,00	0820 Darlehen	1.616.184,00
0330	BGA	353.633,00	1710 Verb a LL	216.830,00
3900	Waren	542.000,00		
1010	Forderungen a LL	1.894,00		
1310	Fordg. Kreditinstitute	312.800,00		
1320	PoBa	100.000,00		
1510	Kasse	10.208,00		
		2.377.352,00		2.377.352,00

Soll		Gewinn- und Verlustkonto 31.12.20..		Haben
3010	Wareneingang	1.450.000,00	8010 Warenverkauf	2.745.000,00
4400	Werbe- und Reisekosten	24.500,00		
4200	Steuern, Beiträge, Vers.	37.000,00		
2120	Zinsaufwendungen	72.700,00		
4010	Löhne	940.000,00		
4910	Abschreibungen	55.900,00		
0610	EK	164.900,00		
		2.745.000,00		2.745.000,00

Sonstige Angaben zu der Filiale	
Mitarbeiter	30
Verkaufsfläche in m²	223
Lagerfläche in m²	1400
Unternehmerlohn für die Filiale	15.000 €

Informationen zum Lösen der folgenden Handlungsaufgaben finden Sie im Lehrbuch „Groß im Handel", 2. Ausbildungsjahr, in Kapitel 7 (Analyse des Jahresabschlusses) des Lernfeldes 8.

HANDLUNGSAUFGABEN

1. **Geben Sie die Aufgaben wieder, die Anne nun bevorstehen.**

2. **Geben Sie mit eigenen Worten kurz wieder, was man unter Controlling versteht.**

3. **Charakterisieren Sie den Unterschied zwischen operativem und strategischem Controlling mit eigenen Worten und geben Sie jeweils die Ziele an.**

4. Geben Sie an, welche Art von Controlling Anne für Herrn Franke erledigen soll.

5. Herr Franke sagte in der Handlungssituation: „Da man als Controller auch so etwas wie die unternehmensinterne Überwachung darstellt, arbeite ich meistens alleine, obwohl ich eigentlich dem Rechnungswesen zugeordnet bin."

a) **Geben Sie mögliche Gründe dafür an, dass Herr Franke häufig alleine arbeitet.**

b) **Erläutern Sie, was Herr Franke damit meint, dass Controller die unternehmensinterne Überwachung sind.**

6. Nennen Sie die drei Funktionen des Controllings.

Informationsfunktion

7. Geben Sie die Anforderungen an das Informationssystem an.

Planungsfunktion

8. Das operative Controlling ist Bestandteil des Planungssystems des Controllings.

Erläutern Sie, wie Zielvorgaben im operativen Controlling zu formulieren sind.

9. Begründen Sie kurz, warum die Ziele im Rahmen des operativen Controllings häufig als Kennzahlen definiert werden.

10. Geben Sie mit eigenen Worten an, was unter der Planungsfunktion (dem Planungssystem) des Controllings zu verstehen ist.

Kontrollfunktion

11. Ermitteln Sie die Kennzahlen für die Filiale der Fairtext GmbH.

12. Überlegen Sie sich, welche zusätzlichen Informationen Herr Franke noch benötigt, um aus den Kennzahlen Schlüsse zu ziehen.

13. Geben Sie an, woher die Soll-Werte im Controlling stammen.

14. Geben Sie mit eigenen Worten an,

a) was man unter einem Soll-Ist-Vergleich versteht,

b) welche Konsequenzen aus dem Ergebnis des Soll-Ist-Vergleichs gezogen werden können.

15. Geben Sie an, was nach einer durchgeführten Soll-Ist-Analyse hinsichtlich der Zielwerte erfolgen sollte.

VERTIEFUNGS- UND ANWENDUNGSAUFGABEN

1. Geben Sie mit eigenen Worten an,

1) was die folgenden Kennzahlen aussagen.

2) ob die Kennzahl möglichst hoch oder möglichst niedrig sein sollte.

a) Break-even-Point

1)

2)

b) Intensität der Personalkosten

1)

2)

c) Eigenkapitalrentabilität

1)

2)

d) **Umsatzrentabilität**

1)

2)

e) **durchschnittliche Lagerdauer**

1)

2)

f) **Eigenkapitalquote**

1)

2)

g) **Liquidität 1. Grades**

1)

2)

Zur weiteren Vertiefung der Lerninhalte und Sicherung der Lernergebnisse empfehlen wir das Bearbeiten der Aufgaben und Aktionen in Kapitel 7 Ihres Lehrbuches „Groß im Handel, 2. Ausbildungsjahr" im Lernfeld 8.

8 Wir bereiten Daten auf

HANDLUNGSSITUATION

Herr Hahnenkamp, Geschäftsführer der Fairtext GmbH, kommt in die Abteilung Rechnungswesen.

Er hat sich eine Liste mit den Verkaufsartikeln der Abteilungen Herrenbekleidung (10), Sportbekleidung (20), Sportbekleidung (31), Sportschuhe (41) und Accessoires (50) aus dem Warenwirtschaftssystem ausgedruckt. Eine weitere Liste besteht aus den Umsätzen sowie dem Rohgewinn der Abteilungen aus dem Vorjahr.

Die Abteilungsleiterin Rechnungswesen, Frau Jonas, und Caroline König sollen diese Daten besser aufbereiten, weil Herr Hahnenkamp nächste Woche ein Strategiegespräch mit anderen Abteilungsleitern hat. Dabei ist ihm wichtig, dass die Umsätze und der Rohgewinn des aktuellen Jahres für jede Abteilung und insgesamt ermittelt werden und diese mit den Werten des Vorjahres verglichen werden.

Frau Jonas macht Caroline darauf aufmerksam, dass es bei einer solchen Datenaufbereitung neben der rechnerischen Richtigkeit vor allem auch auf eine geeignete Darstellungsform der Daten ankommt. Außerdem, so sagt sie, legt Herr Hahnenkamp viel Wert auf eine Interpretation der Ergebnisse.

Bezeichnung	Abteilung	Verkaufspreis	Einkaufspreis	Absatzmenge
Jeansweste mit Pailletten	10	2,14	1	93 500
Nadelstreifen-Anzug mit Weste	10	9,82	5,1	41 000
Multifunktionsjacke	10	4,4	1,75	36 500
Leder-Blazer, Porc-Velours	10	27,73	12,4	28 000
Jacquard-Blazer	10	4,4	1,75	6 000
Baumwoll-Sakko gefüttert	10	133,34	48	3 000
Baseballcap	20	27,28	10	18 100
Boxershorts, Gr. L 100 % Baumwolle	20	21,47	9,4	16 100
Fahrradhandschuh	20	9	4,1	16 000
Surfanzug	20	45,49	25,8	6 700
Wellness Microfaser-Anzug	31	1,8	0,6	126 000
Stufenrock mit Spitzensaum	31	1,8	0,65	101 600
Hosenanzug	31	13,6	4,1	1 000
Jeans-Rock	31	1,72	0,75	500
Jerseykleid	31	1,72	1,4	2 000
Damenpullover „Elle"	31	0,76	0,35	4 600
Strickjacke 100 % Baumwolle	31	3,25	1,4	900
Laufschuh „Running"	41	8,85	3,35	36 000
Schlittschuh „Elegance"	41	13,3	4,6	21 500
Fußballschuh „Reckenhauer"	41	34,23	15	16 000
Hallenschuh „White"	41	45	17,5	15 700
Damen-Leder-Gürtel	50	20,65	7,8	13 100
Kette mit Anhänger	50	55,61	23	11 000

Vorjahreswerte	Umsatz	Rohgewinn
Herren-Bekleidung	1.849.540,00 €	1.109.724,00 €
Sportbekleidung	1.355.680,00 €	650.726,40 €
Damenbekleidung	376.280,00 €	244.582,00 €
Sportschuhe	1.783.580,00 €	1.052.312,00 €
Accessoires	880.090,00 €	522.020,00 €

Informationen zum Lösen der folgenden Handlungsaufgaben finden Sie im Lehrbuch „Groß im Handel, 2. Ausbildungsjahr" in Kapitel 8 (Statistische Auswertungen und grafische Darstellungen der Unternehmensergebnisse) des Lernfeldes 8.

HANDLUNGSAUFGABEN

1. **Welche Probleme müssen Frau Jonas und Caroline lösen?**

_____

_____

_____

_____

_____

2. Caroline soll sich zunächst Gedanken darüber machen, welche Darstellungsformen es zur Aufbereitung von Daten und Statistiken gibt.
Nennen Sie fünf mögliche Darstellungsformen.

_____

_____

3. Zur Berechnung der Umsätze und des Rohgewinns der einzelnen Artikel und insgesamt hat Frau Jonas bereits eine Liste ausgedruckt, um die Menge der Daten übersichtlich zu halten.

a) **Bestimmen Sie die Umsätze und Rohgewinne für die einzelnen Artikel, für die Abteilung und für das gesamte Unternehmen.**

b) **Bestimmen Sie den Umsatz- und Rohgewinnanteil in Prozent bezogen auf die Gesamtwerte der Abteilung.**[1]

Bezeichnung	Abteilung	Umsatz in €	Rohgewinn in €	Umsatz in %	Rohgewinn in %
Jeansweste mit Pailletten	10				
Nadelstreifen-Anzug mit Weste	10				
Multifunktionsjacke	10				
Leder-Blazer, Porc-Velours	10				
Jacquard-Blazer	10				
Baumwoll-Sakko gefüttert	10				
Gesamt					
Baseballcap	20				
Boxershorts, Gr. L 100% Baumwolle	20				
Fahrradhandschuh	20				
Surfanzug	20				
Gesamt					

---

1 Hinweis: Die Berechnung der Daten kann auch in Gruppen erfolgen, wobei jede Gruppe die Werte für eine Abteilung bestimmt.

Bezeichnung	Abtei-lung	Umsatz in €	Rohgewinn in €	Umsatz in %	Rohge-winn in %
Wellness Microfaser-Anzug	31				
Stufenrock mit Spitzensaum	31				
Hosenanzug	31				
Jeans-Rock	31				
Jerseykleid	31				
Damenpullover „Elle"	31				
Strickjacke 100 % Baumwolle	31				
Gesamt					
Laufschuh „Running"	41				
Schlittschuh „Elegance"	41				
Fußballschuh „Reckenhauer"	41				
Hallenschuh „White"	41				
Gesamt					
Damen-Leder-Gürtel	50				
Kette mit Anhänger	50				
Gesamt					

c) Stellen Sie den prozentualen Anteil jedes Artikels zum Gesamtumsatz einer Abteilung als Kreisdiagramm (Tortendiagramm) dar.

Stellen Sie die Umsatzentwicklung und den Rohgewinn in Euro in gruppierten Säulen für jeweils eine Abteilung dar.

Prozentualer Anteil der Artikel zum Gesamtumsatz	Umsatzentwicklung und Rohgewinn je Artikel
Abteilung Herren-Bekleidung	Abteilung Herren-Bekleidung

Prozentualer Anteil der Artikel zum Gesamtumsatz	Umsatzentwicklung und Rohgewinn je Artikel
Abteilung Sportbekleidung	Abteilung Sportbekleidung
Abteilung Damenbekleidung	Abteilung Damenbekleidung
Abteilung Sportschuhe	Abteilung Sportschuhe
Abteilung Accessoires	Abteilung Accessoires
Abteilung Sportbekleidung	

4. Nun soll Caroline die berechneten Werte des Jahresumsatzes und des Rohgewinns mit den unten stehenden Werten des Vorjahres vergleichen. Dazu sollen auch die Veränderungen zum Vorjahr in Prozent sowie der Anteil des Rohgewinns zum Gesamtumsatz für beide Jahre bestimmt werden.

		Umsatz	Rohgewinn	Rohgewinn in %
Herren-bekleidung	Aktuell			
	Vorjahr	1.849.540,00 €	1.109.724,00 €	
	Veränderung in %			
Sportbekleidung	Aktuell			
	Vorjahr	1.355.680,00 €	650.726,40 €	
	Veränderung in %			
Damen-bekleidung	Aktuell			
	Vorjahr	376.280,00 €	244.582,00 €	
	Veränderung in %			
Sportschuhe	Aktuell			
	Vorjahr	1.783.580,00 €	1.052.312,00 €	
	Veränderung in %			
Accessoires	Aktuell			
	Vorjahr	880.090,00 €	522.020,00 €	
	Veränderung in %			

5. Herr Hahnenkamp möchte von Frau Jonas und Caroline auch eine Aufstellung der Besonderheiten/Auffälligkeiten bekommen, damit er die Ergebnisse vor den Abteilungsleitern interpretieren und Lösungsansätze für eine Verbesserung der Unternehmenssituation finden kann.

Untersuchen Sie die Ergebnisse der Aufgaben 3 und 4 hinsichtlich Besonderheiten und Auffälligkeiten. Halten Sie Ihre Ergebnisse stichwortartig fest.

Abteilung Herrenbekleidung

Abteilung Sportbekleidung

Abteilung Damenbekleidung

Abteilung Sportschuhe

Abteilung Accessoires

VERTIEFUNGS- UND ANWENDUNGSAUFGABEN

1. **Welche Unterlagen sind notwendig, damit Sie die Auswertung der Umsatzentwicklung des letzten Monats vorbereiten können? (eine Antwort ankreuzen)**

	Die schriftlich gestellten Anfragen aller Kunden im letzten Monat
	Die Bestellungen und die Lieferscheine des letzten Monats
	Die artikelgenauen Verkaufsdaten in Bezug auf Menge und Werte des letzten Monats
	Alle Rechnungen der Lieferanten im letzten Monat
	Die Angebote aller Lieferanten des letzten Monats

2. Die Fairtext GmbH hat drei Abteilungen. Wöchentlich werden die Kundenanzahl und der durchschnittliche Umsatz je Kunde statistisch erfasst.

a) **Wie hoch ist in der folgenden Tabelle die Kundenanzahl in Abteilung C?**

b) **Wie hoch ist der durchschnittliche Umsatz je Kunde in allen drei Abteilungen?**

	Kundenanzahl	Durchschnittlicher Umsatz je Kunde
Abteilung A	395	1.895,00 €
Abteilung B	486	2.290,00 €
Abteilung C		2.450,00 €
Gesamtumsatz		2.914.965,00 €
Durchschnittlicher Umsatz je Kunde		

3. Bei einem Großhändler wurden in den vergangenen zwei Geschäftsjahren für das erste Halbjahr folgende Daten ermittelt:

	Kundenzählung		Umsatzentwicklung	
	Vorjahr	Aktuelles Jahr	Vorjahr	Aktuelles Jahr
Januar	1850	1910	3.500.000,00 €	3.200.000,00 €
Februar	1480	1470	2.700.000,00 €	2.600.000,00 €
März	2140	2340	4.050.000,00 €	4.100.000,00 €
April	2220	2120	4.200.000,00 €	3.900.000,00 €
Mai	2060	2400	4.150.000,00 €	4.400.000,00 €
Juni	2500	2570	5.000.000,00 €	5.050.000,00 €
Gesamt	12250	12810	23.600.000,00 €	23.250.000,00 €

a) **Welche drei Aussagen zur oben stehenden Statistik sind richtig?**

	Trotz gestiegener Kundenzahl ging der Umsatz pro Kunde im aktuellen Jahr gegenüber dem Vorjahr zurück.
	Die Umsatzentwicklung im Zeitverlauf ist positiv.
	Der durchschnittliche Umsatz pro Kunde im April ist Vorjahr größer als im aktuellen Jahr.
	Die Anzahl der Kunden ist im aktuellen Jahr gestiegen.
	Obwohl die Kundenzahl im Februar des aktuellen Jahres zurückging, konnte ein Mehrumsatz von 10.000,00 € erzielt werden.
	Die Monate Januar und Februar des aktuellen Jahres liegen in der Umsatzentwicklung über dem Vorjahr.

b) **Ermitteln Sie für die jeweiligen Halbjahre den durchschnittlichen Umsatz pro Kunde gemäß der abgebildeten Statistik! Wie viel Euro beträgt der Unterschied?**

_____

Zur weiteren Vertiefung der Lerninhalte und Sicherung der Lernergebnisse empfehlen wir die Bearbeitung der Aufgaben in Kapitel 8 (Statistische Auswertungen und grafische Darstellungen der Unternehmensergebnisse) Ihres Lehrbuches „Groß im Handel, 2. Ausbildungsjahr".

9 Wir prüfen Maßnahmen zur Optimierung der wirtschaftlichen Situation

HANDLUNGSSITUATION

Sebastian Holpert hat sich durch diverse gute Arbeiten für Frau Jonas ausgezeichnet. Heute bekommt er wieder einmal einen Spezialauftrag.

Frau Jonas: *„Guten Morgen, Herr Holpert. Wie geht es Ihnen? Sind Sie im Stress?"*

Sebastian: *„Guten Morgen, Frau Jonas. Mir geht es gut, ich habe im Moment auch keinen Stress."*

Frau Jonas: *„Umso besser, denn ich habe mal wieder einen Spezialauftrag für Sie!"*

Sebastian: *„Oh, sehr schön! Um was geht es denn?"*

Frau Jonas: *„In der letzten Zeit haben wir ja viele Abteilungen mit diversen neuen Geräten ausgestattet und jetzt konnte ich in der Abteilungsleiterkonferenz endlich durchsetzen, dass auch wir in der Verwaltung etwas mehr Annehmlichkeiten erhalten. Ich habe mich dafür eingesetzt, dass wir endlich den Druckerraum neu ausstatten. Die drei alten Document-Center sollen an anderen Stellen im Unternehmen genutzt werden und wir erhalten drei neue Document-Center."*

Sebastian: *„Das ist ja super. Dann können wir vielleicht endlich auch problemlos scannen und persönliche Druckaufträge erteilen."*

Frau Jonas: *„Genau das wird bald möglich sein. Und noch vieles mehr! Wir haben uns in der Konferenz auf ein paar Rahmenbedingungen für die Anschaffung geeinigt. Im Moment ist es sehr schwer, an Kredite zu kommen. Wir möchten außerdem eigentlich keine Kredite mehr aufnehmen, da unsere Eigenkapitalquote ohnehin schon bedenklich gering ist. Dies sollten wir bei der Anschaffung im Auge behalten. Hier können insbesondere Leasingangebote sehr interessant sein. Es ist zu bedenken, dass bei derartigen Gerätschaften das Investitionsrisiko bei der Entscheidungsfindung beachtet werden. Außerdem muss aufgrund technischer Fortschritte auch eine Anpassung möglich sein muss. Dies kann über entsprechende Vertragsgestaltungen gemacht werden."*

Sebastian: *„Das hört sich ja so an, als ob es gar nicht so einfach wäre, diese Document-Center zu kaufen."*

Frau Jonas: *„Das ist korrekt. Aber die Frage ist ja, ob wir überhaupt kaufen! 20.000,00 € pro Gerät*

sind eine ganze Menge! Hinzu kommt das Risiko der Reparatur und Wartung, welches mit ca. 5 % im ersten Jahr zu beziffern ist und dann mit jedem weiteren Jahr aufgrund der Abnutzung der Maschinen um ca. 30 % ansteigt. Ein Kauf aus dem Eigenkapital ist aufgrund der angespannten Finanzlage keine Option."

Sebastian: *„Ach so, stimmt. Sie sagten ja auch etwas von Leasing."*

Frau Jonas: *„Ja, das sind interessante Modelle. Es liegen mir bereits drei Angebote vor. Zwei davon sind Leasingangebote. Informieren Sie sich bitte über Leasingmodelle. Anschließend prüfen Sie die Angebote und machen mir einen Vorschlag, welches für uns am besten geeignet ist. Ich könnte mir eine Nutzwertanalyse als Entscheidungshilfe gut vorstellen. Ach ja, ein wichtiger Aspekt ist noch, dass es schön wäre, wenn wir uns vertraglich nicht langfristig binden, um bei eventuellen Problemen mit den Maschinen oder mit unseren Finanzen kurzfristig reagieren zu können. Diese Document-Center sind ja nicht lebenswichtig für die Fairtext GmbH. Ha ha!"*

Sebastian: *„Ja, das ist ja eine ganze Menge. Dann muss ich mich über Leasing zunächst einmal informieren. Damit kenne ich mich nämlich noch gar nicht so gut aus."*

Angebot 1:

Hannoversche Stadtbank

ANNUITÄTENDARLEHEN

Darlehenssumme: 60.000,00 €
Laufzeit: 5 Jahre
anfängliche Tilgung: 16,5 % im ersten Jahr
Zinssatz: 10 % der Restschuld am Jahresbeginn

Die Zinsen und die Tilgung (und im letzten Jahr die Abschlusszahlung) werden jährlich am Jahresende in einer Summe fällig. Die jährlichen Raten bleiben in den Folgejahren unverändert. Es ändert sich lediglich das Verhältnis von Zins zur Tilgung. Eine Kündigung ist während der Laufzeit nur durch Ablösung des Darlehens unter Zahlung einer Vorablöseentschädigung möglich.

Angebot 2:

EFFEKTIV LEASING

Leasingangebot

Wert der Leasingobjekte: 60.000,00 €
monatliche Leasingrate: 3,1 %

Die Leasingraten werden jeweils am Monatsende fällig. Eine Vertragsdauer wird nicht vereinbart.
Die Kündigung des Vertrags ist jederzeit zum Beginn des übernächsten Monats möglich.
Die Kündigung bedarf der Schriftform.
Die monatliche Leasingrate beinhaltet unseren 24-Stunden-Reparatur-und-Wartungsservice, sodass Sie kein Risiko für diese Kosten tragen. Die Leasingobjekte werden bei technischer Überholung auf Wunsch gegen Geräte auf dem technisch neuesten Stand aus unserem Hause ersetzt. Die Leasingobjekte bleiben während der gesamten Vertragslaufzeit unser Eigentum und gehen bei Beendigung dieses Vertrags auch wieder in unseren Besitz über.

Angebot 3:

KANICO MANOLTI LEASING

LEASINGANGEBOT

Wert der Leasingobjekte: 60.000,00 €
Grundmietzeit: 4 Jahre
monatliche Leasingrate: 2,6 %
Restkaufpreis nach Grundmietzeit: 9.000,00 €
Die Leasingraten werden jeweils am Monatsende fällig.

Die Kündigung des Vertrags ist nach Ablauf der Grundmietzeit jederzeit zum Beginn des übernächsten Monats möglich. Die Kündigung bedarf der Schriftform. Nach Ablauf der Grundmietzeit kann das Eigentum an den Leasingobjekten durch den Leasingnehmer gegen eine Zahlung von 9.000,00 € erworben werden. Sollte diese Option nicht in Anspruch genommen werden, wird der Wert der Leasingobjekte geprüft. Bei vereinbarter und sachgemäßer Nutzung beträgt der Restwert 7.500,00 €. Bei einem niedrigeren Restwert ist der Differenzbetrag vom Leasingnehmer zu begleichen.
Die monatliche Leasingrate beinhaltet ausschließlich die Gebrauchsüberlassung der Document-Center sowie alle im Zusammenhang mit dem Leasingvertrag stehenden Nebenleistungen von Kanico Manolti. Hierunter fallen ausdrücklich keine Reparatur und Wartungskosten an den Leasingobjekten. Die Wartungen sind auf eigene Kosten des Leasingnehmers regelmäßig einmal jährlich vorzunehmen. Die Leasingobjekte bleiben während der gesamten Vertragslaufzeit unser Eigentum und gehen bei Beendigung dieses Vertrags auch wieder in unseren Besitz über.

Informationen zum Lösen der folgenden Handlungsaufgaben finden Sie im Lehrbuch „Groß im Handel, 2. Ausbildungsjahr" in Kapitel 9 (Maßnahmen zur Optimierung der wirtschaftlichen Situation) des Lernfeldes 8.

HANDLUNGSAUFGABEN

1. Ermitteln Sie, welche Aufgaben Sebastian Holpert zu erledigen hat.

_____

_____

_____

_____

2. Informieren Sie sich mithilfe Ihres Lehrbuches über die Grundsätze des Leasings, indem Sie das folgende Schaubild vervollständigen.

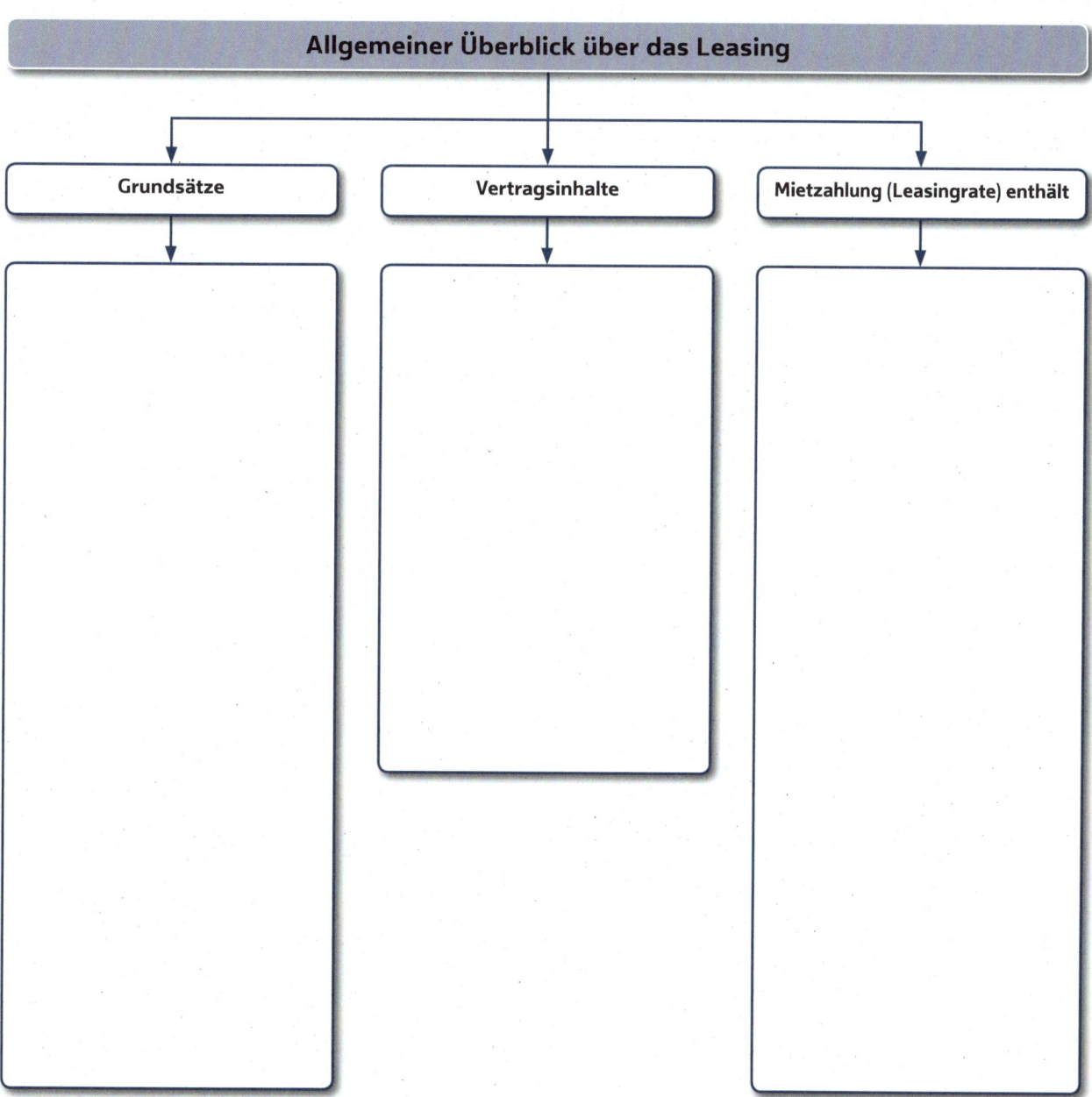

3. Leasingverträge können nach verschiedenen Kriterien unterschieden werden. Eine wichtige Unterscheidung ist die nach den Verpflichtungen aus dem zugrunde liegenden Leasingvertrag. **Informieren Sie sich mithilfe Ihres Lehrbuches über die beiden Leasingarten, die hier unterschieden werden, und vervollständigen Sie den folgenden tabellarischen Überblick:**

Merkmal	Finance-Leasing	Operate-Leasing
Grundmietzeit		
Kündigung		
Wartung und Instandhaltung		
Risiko des Untergangs		
Kreditausfallrisiko		
Risiko der Verwendung (des Verkaufs) nach Ablauf des Leasings		

4. Sie sind jetzt schon bestens über die verschiedenen Arten von Leasingverträgen informiert. Nun müssen Sie die drei vorliegenden Angebote zur Finanzierung der Document-Center anhand der Informationen von Frau Jonas beurteilen. **Schauen Sie noch einmal in die Handlungssituation und überlegen Sie, welche Faktoren für die Beurteilung relevant sind.**

5. Betrachten Sie die Angebote zunächst einmal wie jeder vernünftige Kaufmann von der finanziellen Seite. Berechnen Sie die Kosten für die drei Finanzierungsangebote in den vorgefertigten Lösungstabellen.

Angebot 1: Hannoversche Stadtbank   Annuitätendarlehen

Jahr	Restschuld	Tilgung	Zinsen	feste Kosten gesamt	Reparatur und Wartung geschätzt
1	60.000,00 €				
2					
3					
4					
5					
Gesamt					
voraussichtliche Gesamtkosten:					

Angebot 2: Effektiv   Leasingangebot 1

Jahr	Restschuld	Leasing mtl.	jährliche Kosten
1	0,00 €		
2			
3			
4			
5			
Gesamtkosten			

Angebot 3: Kanico Manolti   Leasingangebot 2

Jahr	Restschuld	Leasing mtl.	Kosten	Reparatur und Wartung geschätzt
1	0,00 €			
2				
3				
4				
5				
Summe				
voraussichtliche Gesamtkosten				

6. Die Angebote 2 und 3 sind Leasingangebote. **Bitte geben Sie an, um welche Arten von Leasing es sich handelt.**

7. In der Lösungstabelle des zweiten Angebots steht „Gesamtkosten", in der Lösungstabelle des dritten Angebots „voraussichtliche Gesamtkosten". **Erläutern Sie bitte diesen Umstand.**

8. Geben Sie an, welchen Vorteil sowohl das Annuitätendarlehen als auch das Leasingangebot 2 (Kanico Manolti) gegenüber dem Leasingangebot 1 (Effektiv) bezüglich einer möglichen Verwertung der Document-Center bieten.

9. Erstellen Sie eine Nutzwertanalyse, um herauszufinden, welche Investition Sie Frau Jonas als optimale Lösung für die Fairtext GmbH vorstellen können.

Hinweis:

Finden Sie fünf Kriterien. Das wichtigste Kriterium wird mit 50 % gewichtet, das nächstwichtigste mit 40 % usw., jeweils absteigend mit 10 % weniger. Unter „Nutzen" wird erfasst, wie sehr ein Kriterium erfüllt wird. Der Nutzen der besten Alternative wird mit 3 gewertet, die zweitbeste Alternative mit 2 und die schlechteste Alternative mit 1. Ist ein Kriterium gar nicht erfüllt, wird es mit 0 gewichtet! Sind Kriterien gleichmäßig erfüllt, werden sie mit dem Durchschnitt ihrer Gewichtungen erfasst.

	Gewichtung %	Angebot 1		Angebot 2		Angebot 3	
		Nutzen	Nutzwert	Nutzen	Nutzwert	Nutzen	Nutzwert
Kosten	50						
Gesamtwert							

10. Bereiten Sie gemeinsam mit Ihrem Sitznachbarn das Gespräch zwischen Sebastian Holpert und Frau Jonas vor. Machen Sie sich Notizen zu den wichtigsten Aspekten in dem folgenden Lösungsfeld und seien Sie bereit, das Gespräch mit verteilten Rollen vor der Klasse zu simulieren.

VERTIEFUNGS- UND ANWENDUNGSAUFGABEN

1. Die Fairtext GmbH möchte einen Lkw zur Auslieferung leasen.
Beantworten Sie mithilfe des Lehrbuches die folgenden Fragen.

a) **Nennen Sie Vorteile, die für den Leasingnehmer mit dem Leasing verbunden sind.**

b) **Führen Sie Nachteile für den Leasingnehmer auf.**

c) **Unterscheiden Sie die beiden Finanzierungsarten Kredit und Leasing anhand der folgenden Merkmale.**

	Leasing	Kredit
Bedarf an Geldmitteln		
laufende Liquiditätsbelastung		
Eigentumserwerb		
steuerliche Vorteile		
Sicherheit		

2. a) **Erläutern Sie mit eigenen Worten, was beim Factoring passiert.**

b) **Beschreiben Sie allgemein, welche Tätigkeiten die Factoringgesellschaft für den Factoringnehmer übernimmt.**

c) **Geben Sie an, welche drei Funktionen das Factoring für den Factoringnehmer hat.**

d) **Geben Sie die wesentlichen Vorteile des Factorings für den Factoringnehmer an.**

e) **Erläutern Sie die drei Bestandteile der Gebühren des Factoringunternehmens.**

_____

_____

_____

_____

3. In einem Unternehmen wird darüber nachgedacht, den Forderungseinzug im Rahmen des Outsourcings durch eine Factoringgesellschaft ausführen zu lassen. Durch das Outsourcing verspricht sich das Unternehmen eine höhere Liquidität und geht davon aus, dass auf den jährlichen Wareneinkauf von 12,5 Mio. € ein Skontoabzug von durchschnittlich 1,7 % ermöglicht wird. Aktuell wird aufgrund der schlechten Liquidität nur selten ein Skontoabzug realisiert. Die Skontoerträge belaufen sich laut Auszug aus der Buchführung auf 10.000,00 €. Außerdem soll durch das Factoring das Forderungsausfallrisiko auf den Factoringgeber übertragen werden. Die Forderungsausfälle belaufen sich aktuell auf 60.000,00 € pro Jahr. Ferner entfallen die Kosten für die Bonitätsprüfungen neuer Kunden in Höhe von 4.500,00 € jährlich. Der Jahresumsatz beträgt aktuell 17 Mio. €.

Aus dem Angebot der Factoringgesellschaft geht hervor, dass eine Gebühr für die Übernahme der Factoringdienstleistung in Höhe von 0,7 % des Umsatzes und eine Gebühr für die Übernahme des Delkredererisikos in Höhe von 0,6 % des Umsatzes berechnet werden. Die Soll-Zinsen für die durchschnittliche Bevorschussung der Forderungen in Höhe von 300.000,00 € betragen 8,7 %. Die Gebühren für Limitanfragen der Kunden betragen 3.000,00 €.

Prüfen Sie rechnerisch, ob Sie dem Unternehmen zu einem Outsourcing des Forderungsmanagements im Rahmen des vorliegenden Factoringangebots raten würden.

Zur weiteren Vertiefung der Lerninhalte und Sicherung der Lernergebnisse empfehlen wir die Bearbeitung der Aufgaben und Aktionen in Kapitel 9 des Lernfeldes 8 in Ihrem Lehrbuch „Groß im Handel, 2. Ausbildungsjahr".

1 Wir visualisieren Geschäftsprozesse

HANDLUNGSSITUATION

Sebastian Holpert kommt auf dem Weg in eine andere Abteilung am Schreibtisch von Anne Schulte vorbei. Diese wird gerade in der Einkaufsabteilung ausgebildet und ist ganz angeregt in ihre Arbeit vertieft.

Sebastian Holpert: „Hallo Anne, was malst du denn da?"
Anne Schulte: „Ich visualisiere einen Geschäftsprozess."
Sebastian Holpert: „Einen Geschäfts ... was?"
Anne Schulte: „Einen Geschäftsprozess!"
Sebastian Holpert: „Wozu soll das denn gut sein? Scheint mir eine Beschäftigungstherapie zu sein!!"
Anne Schulte: „Nein, da haben Unternehmen eine Menge von. Schau dir mal diese beiden Abbildungen an. Hier der Geschäftsprozess zur Außendienstarbeit, wie sie noch bis vor zwei Jahren stattgefunden hat, dargestellt als sogenanntes Wertschöpfungskettendiagramm:

| Kundendaten in der Zentrale aus der EDV ermitteln | Schriftliches Erfassen der Kundendaten | Transportieren der schriftlichen Kundendaten | Nutzen der schriftlichen Kundendaten | Schriftliches Erfassen der Bestelldaten beim Kunden | Bestelldaten zur Zentrale transportieren | Schriftl. Bestelldaten auswerten und aufbereiten | Bestelldaten in die EDV eingeben |

Und hier jetzt der überarbeitete Geschäftsprozess, wie er jetzt abläuft:

| Kundendaten vor Ort (beim Kunden) mittels Laptop und Internet abfragen | Bestelldaten mittels Laptop erfassen und in die EDV übernehmen |

Sebastian Holpert: „Was du da gerade aufgemalt hast, sieht aber ganz anders aus als diese beiden Abbildungen!"
Anne Schulte: „Richtig, ich visualisiere gerade einen Geschäftsprozess aus unserer Abteilung mithilfe des Visualisierungsinstruments der ereignisgesteuerten Prozessketten. Es geht um die Abwicklung unserer Bestellungen: Ist der Bestellbedarf entstanden, müssen wir die Bestelldaten ermitteln. Sind die Bestelldaten dann geklärt, muss die Bestellsumme überprüft werden. Abhängig von den sich dann genau ergebenden Ereignis, dass die Bestellsumme kleiner oder größer als 5.000,00 € ist, teilt sich der Geschäftsprozess zunächst einmal:
Ist die Bestellsumme kleiner als 5.000,00 €, muss die Bestellung geschrieben werden. Endergebnis des gesamten Geschäftsprozesses: Es liegt eine geschriebene Bestellung vor.
Tritt jedoch das Ereignis Bestellsumme ist größer als 5.000,00 € ein, muss der zuständige Sachbearbeiter sich die Bestellung genehmigen lassen. Es kann dann genau ein Ereignis eintreten: Die Bestellung wird genehmigt. Anschließend kann die Bestellung geschrieben werden (Diese Tätigkeit wird also durchgeführt, wenn genau eines der Ereignisse **Bestellsumme ist kleiner als 5.000,00 €** oder Bestellung ist genehmigt eingetreten ist).
Ist die Bestellung nicht genehmigt, muss die Bestellung vom Sachbearbeiter korrigiert werden, was zu einer korrigierten Bestellung führt. Bei dieser wird wieder die Bestellsumme geprüft (Die Bestellsumme wird also geprüft, wenn genau eines der beiden Ereignisse **Bestelldaten geklärt** oder **Bestellung korrigiert** eingetreten ist)."
Sebastian Holpert: „Geschäftsprozesse, Wertschöpfungskettendiagramme, ereignisgesteuerte Prozessketten ... Anne, ich glaube, du musst mir das mal von Anfang an erklären ..."

Informationen zum Lösen der folgenden Handlungsaufgaben finden Sie im Lehrbuch „Groß im Handel, 2. Ausbildungsjahr" im Kapitel 1 (Visualisierung von Geschäftsprozessen) im Lernfeld 9.

HANDLUNGSAUFGABEN

1. Führen Sie auf, vor welchen Aufgaben Anne Schulte steht.

_____

_____

_____

_____

_____

2. Erklären Sie den Begriff der Geschäftsprozessmodellierung.

_____

3. Ergänzen Sie die folgende Tabelle zur Vorgehensweise bei der Geschäftsprozessoptimierung.

Vorgehensweise bei der Geschäftsprozessoptimierung		
Schritt	Begriff	Bedeutung
1. Schritt		Erfassung und Dokumentation bestehender Prozesse
2. Schritt	Schwachstellenanalyse	
3. Schritt		

4. Geben Sie an, von welchen unterschiedlichen Gesichtspunkten aus die Geschäftsprozesse in den folgenden Fällen betrachtet werden.

Fall	Sicht
Herr Oppermann benötigt für die Erstellung eines Angebots die Kundendatei des Auftragsbearbeitungsprogramms.	
Kommissionierarbeiten im Lager führen Herr Zwärke und Herr Mielkorn durch.	
In der Auftragsbearbeitung werden Angebote erstellt.	

5. Erläutern Sie Merkmale von Wertschöpfungskettendiagrammen.

6. Führen Sie auf, wie sich der jeweils in den Wertschöpfungskettendiagrammen dargestellte Geschäftsprozess zur Außendienstarbeit verändert hat.

7. Grenzen Sie ereignisgesteuerte Prozessketten von Wertschöpfungskettendiagrammen ab.

8. Erläutern Sie kurz die Bedeutung der folgenden Symbole einer ereignisgesteuerten Prozesskette.

Symbol	Begriff	Bedeutung
⬡		
▭		
↓		
∧		
∨		
XOR		

9. Erstellen Sie für Anne Schulte die ereignisgestützte Prozesskette für die Abwicklung der Bestellungen.

10. Unterscheiden Sie ereignisgesteuerte Prozessketten von erweiterten ereignisgesteuerten Prozessketten.

_____

_____

ANWENDUNGS- UND VERTIEFUNGSAUFGABEN

1. Lösen Sie das folgende Kreuzworträtsel.

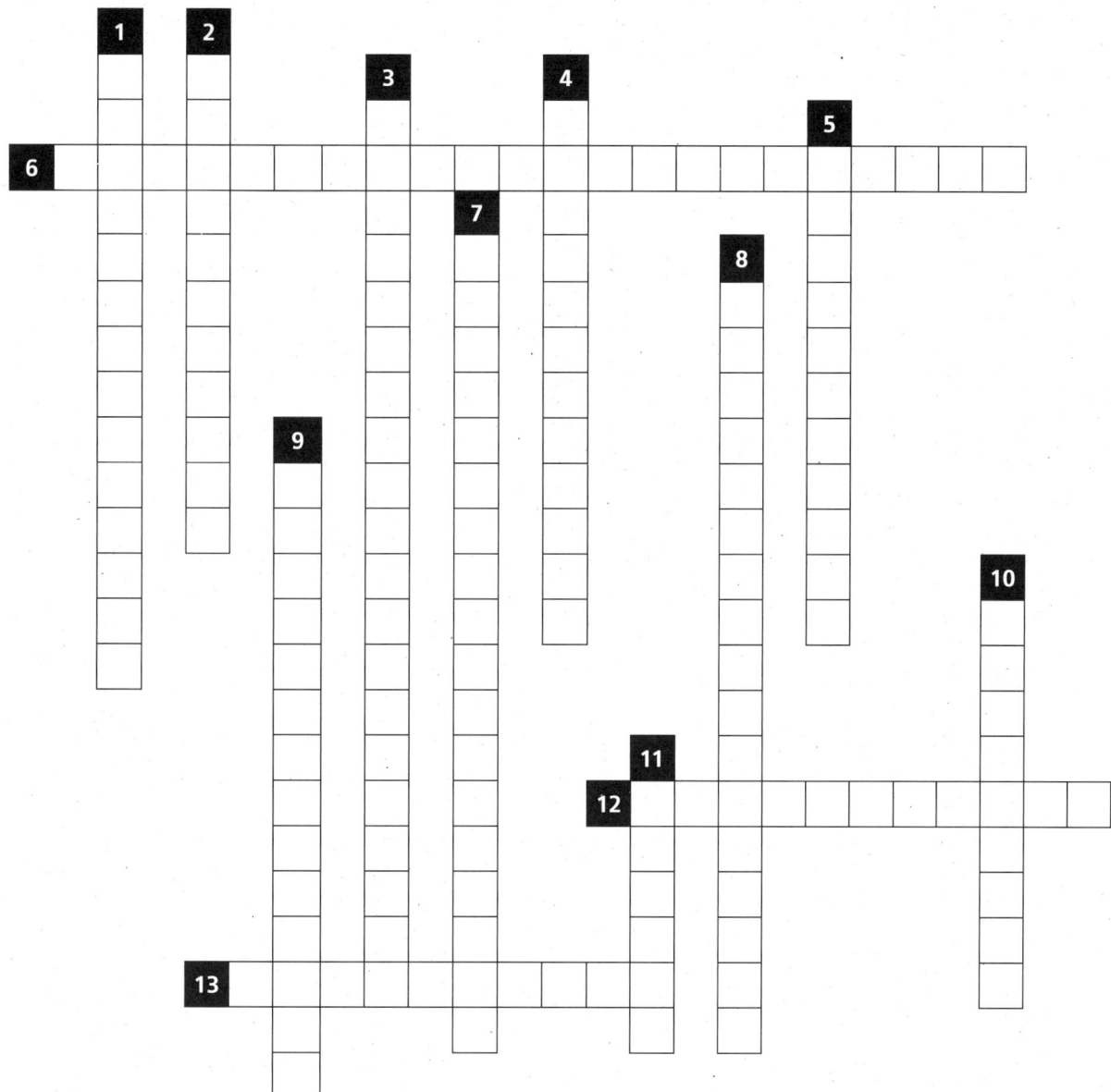

Waagerecht:

6. Hier gibt es keine direkte Schnittstelle zum Kunden.
12. Dieser erbringt eine direkte Wertschöpfung für den Kunden.
13. Strategie, bei der die Ware zum richtigen Zeitpunkt in richtiger Qualität und Menge am richtigen Ort bereitgestellt wird (ohne Bindestriche)

Senkrecht:

1. So soll der Verbesserungsprozess sein.
2. anderes Wort für Supply-Chain
3. Durch verschiedene Maßnahmen soll sichergestellt werden, dass der Geschäftsprozess oder das Produkt den Anforderungen entspricht.
4. Ausgangspunkt jedes Geschäftsprozesses
5. Übertragung von nicht wichtigen Geschäftsprozessen an Fremdunternehmen
7. Ziel der Geschäftsprozessorientierung
8. logisch zusammengehörende Folge von Aktivitäten, die dem Kunden einen Nutzen bringen und einen Beitrag zur Erreichung der Geschäftsziele darstellen
9. Schaffung von Mehrwert
10. Dies ist die Wertschöpfung bei Geschäftsprozessen.
11. japanisches Wort für KVP

2. Erstellen Sie für den folgenden Ausschnitt aus einem Geschäftsprozess eine erweiterte ereignisgesteuerte Prozesskette:

Ware, die eingetroffen ist, wird von der Lagerabteilung (mit der 1. Kontrolle im Wareneingang) geprüft. Dies geschieht anhand der zwei Dokumente Bestellschein und Lieferschein: Wird die Ware freigegeben (weil die Lieferung des Frachtführers einwandfrei ist), führt die Lagerabteilung die 2. Kontrolle im Wareneingang (Qualitätsprüfung der Ware) durch. Wird die Ware dagegen (z. B. wegen eines Transportschadens) abgelehnt, erfolgt eine Meldung an die Einkaufsabteilung.

Zur weiteren Vertiefung der Lerninhalte und Sicherung der Lernergebnisse empfehlen wir das Bearbeiten der Aufgaben und Aktionen des Lernfeldes 9 in Ihrem Lehrbuch „Groß im Handel, 2. Ausbildungsjahr".

2 Wir nutzen Funktionen von ERP-Systemen

HANDLUNGSSITUATION

Sebastian Holpert hat sich seit Beginn seiner Ausbildung bei der Fairtext GmbH mit digitalen Programmen auseinandergesetzt, um die verschiedenen Herausforderungen im Berufsfeld des Groß- und Außenhandelsmanagement jetzt und in Zukunft handlungssicher bewältigen zu können. Dabei hat sich herausgestellt, dass die Bearbeitung – von vielen Geschäftsprozessen –

nahezu nur noch mit digitalen Anwendungen erfolgt. In der Verkaufsabteilung verschafft sich Sebastian seit ein paar Wochen ein spezielles Bild über die neu im Unternehmen implementierte ERP-Anwendung Microsoft Dynamics 365 Business Central. Heute erhält er eine E-Mail seiner aktuellen Ausbildungsbetreuerin Frau Eisenberg:

Hallo Sebastian,

ich bin die nächsten Tage leider krankgeschrieben. Wir haben von der Ausbildungsleiterin, Frau Schlemmer, den Auftrag erhalten, für die neuen Azubis des ersten Ausbildungsjahres einen Überblick über unsere neue ERP-Anwendung vorzubereiten. Bitte tragen Sie doch schon mal ein paar wichtige Infos zusammen – ganz allgemein, aber auch speziell mit Blick auf unsere Verkaufsabteilung. Wir müssen davon ausgehen, dass die neuen Azubis noch gar nichts über ERP-Anwendungen wissen.

Unser Administrator hat Ihnen einen eigenen Zugang erstellt. Die Anmeldedaten liegen in Ihrem Fach.

Vielen Dank und viele Grüße

G. Eisenberg

Informationen zum Lösen der folgenden Handlungsaufgaben finden Sie im Lehrbuch „Groß im Handel, 2. Ausbildungsjahr" im Kapitel 2 (Funktionen von ERP-Systemen) des Lernfeldes 9.

HANDLUNGSAUFGABEN

1. **Welche grundsätzlichen inhaltlichen Fragen muss sich Sebastian stellen, um den Arbeitsauftrag bewältigen zu können?**

2. Um sein eigenes Wissen rund um ERP und Microsoft Dynamics 365 Business Central (D365BC) zu überprüfen, vervollständigt Sebastian zunächst selbst formulierte Sätze.

a) ERP steht für...

_____

b) ERP-Anwendungen vereinen...

_____

_____

c) SAP, Oracle, DATEV, usw. sind...

_____

_____

d) Frühere Versionen von D365BC liefen unter dem Namen...

_____

e) ERP-Anwendungen können lokal auf dem eigenen Rechner installiert werden oder...

_____

_____

3. Ergänzen Sie die Funktionen in der vorliegenden Grafik.

4. Wie ist die ERP-Anwendung D365BC grundsätzlich aufgebaut?

5. Erstellen Sie innerhalb von D365BC oder einer vergleichbaren ERP-Anwendung einen neuen (fiktiven) Debitor und Kreditor und formulieren Sie ihre digitalen Schritte, um den Weg dorthin (später) nachvollziehen zu können.

6. Sebastian erinnert sich an eine Aussage von Herrn Eisenberg bei ihrem ersten Gespräch: „Mit ERP-Anwendungen lassen sich klassische Geschäftsprozesse ganzheitlich abbilden." **Erklären Sie diese Aussage anhand eines Beispiels.**

VERTIEFUNGS- UND ANWENDUNGSAUFGABEN

Die Fairtext GmbH möchte für interne Schulungen ihrer Mitarbeiterinnen und Mitarbeiter kleinere Video-Tutorials zu einer ERP-Anwendung erstellen lassen. Die Videos sollen auf einer gemeinsamen Cloud-Plattform gesammelt werden, sodass alle Beteiligten von überall aus mit einem mobilen Endgerät auf die Tutorials zugreifen können. Die Tutorials können so immer wieder zu Übungszwecken angesehen werden.

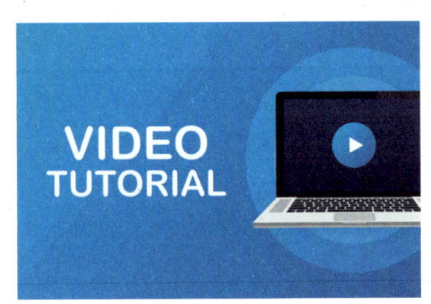

a) **Vorbereitung:** Bilden Sie in Ihrer Klasse kleine Teams (zwei Personen). Jedes Team erstellt ein Video-Tutorial mit einer kleineren Handlung aus einer ERP-Anwendung.

b) **Vor der Bildschirm-Aufnahme:** Formulieren Sie gemeinsam im Team ein kleines Drehbuch („Wir starten im Rollencenter und klicken als Erstes auf …"). Die verbale Erklärung und die Abfolge der Klicks sollte vor Beginn der Bildschirmaufnahme schriftlich festgehalten werden. So vermeiden Sie unnötige Pausen während der Aufnahme.

c) **Während der Bildschirm-Aufnahme:** Das Team simuliert die Handlung, währenddessen soll das Bild aufgezeichnet werden. Das Tutorial soll mit eigenen verbalen Erklärungen versehen werden. Entscheiden Sie im Team, wer wann spricht.

d) **Nach der Bildschirm-Aufnahme:** Im Anschluss spielen Sie sich die Videosequenzen in Ihrer Klasse gegenseitig vor und hinterfragen, ob alle notwendigen Informationen enthalten sind.

Anregungen für die Inhalte des Tutorials:

Thema	Verantwortliche (jeweils die Namen der Mitschülerinnen und Mitschüler eintragen)
Das Rollencenter erklären	
Einen neuen Debitor bzw. Kreditor anlegen	
Einen neuen Artikel anlegen	
Ein Verkaufsangebot erstellen	
Einen Artikel bestellen	
Eine Finanzbuchung vornehmen	
Eigenes Thema:	

Programme für die Erstellung von Bildschirmvideos:
- Screencast-O-Matic: https://screencast-o-matic.com/
- Loom: https://www.loom.com/
- OBS: https://obsproject.com/de
- Apple Geräte: Integrierte Bildschirm-Aufnahme nutzen

Platz für die Tutorial-Skizze meines Teams (Drehbuch)

Beobachtungsbogen für die Betrachtung und Auswertung eines Tutorials

Thema:

_____

Was haben die Ersteller des Tutorials gut/weniger gut gelöst?

Beobachtungsbogen für die Betrachtung und Auswertung eines Tutorials

Beobachtungsbogen für die Betrachtung und Auswertung eines Tutorials

Thema:

_____

Was haben die Ersteller des Tutorials gut/weniger gut gelöst?

Zur weiteren Vertiefung der Lerninhalte und Sicherung der Lernergebnisse empfehlen wir das Bearbeiten der Aufgaben und Aktionen in Kapitel 2 des Lernfeldes 9 in Ihrem Lehrbuch „Groß im Handel, 2. Ausbildungsjahr".

3 Wir schützen Daten vor Missbrauch, Verlust oder Beschädigung

HANDLUNGSSITUATION

Die Fairtext GmbH plant die Gründung eines Internetversandhauses als neues Tochterunternehmen.

Mete Öczan soll nach seiner Ausbildung von der Fairtext GmbH übernommen werden. Da man weiß, dass er sich für Informatik interessiert und er sich zudem in seiner Berufsausbildung überdurchschnittliche EDV-Kenntnisse angeeignet hat, wird er schon in das Projektteam für das neu zu gründende Unternehmen aufgenommen. Man plant, ihm später die Funktion des betrieblichen Datenschutzbeauftragten zu übertragen.

Zusammen mit anderen Kollegen aus der EDV-Abteilung der Zentrale wird er auf ein Fortbildungsseminar mit Datenschutzbeauftragten anderer Unternehmen geschickt. Dort gibt sein Vorgesetzter einen Überblick über die Lage in der Fairtext GmbH, um mit den anderen Teilnehmern die Datenschutzproblematik zu diskutieren:

Die Fairtext GmbH setzt hundertprozentig auf die Vorteile der Datenverarbeitung: Seit Kurzem ist jede Niederlassung komplett mit Datenkassen ausgestattet, die in ein komplettes Warenwirtschaftssystem eingebunden sind. Der Kunde kann auf jede Art elektronisch zahlen. Für ein zielgerichtetes Marketing werden Kundendaten systematisch gesammelt. Eingeführt wird momentan ein EDV-gestütztes Personalinformationssystem.

Informationen zum Lösen der folgenden Handlungsaufgaben finden Sie im Lehrbuch „Groß im Handel, 2. Ausbildungsjahr" in den Kapiteln 8 (Datensicherung) und 9 (Datenschutz) des Lernfeldes 9.

HANDLUNGSAUFGABEN

1. Ein Kollege aus einem anderen Großhandelsunternehmen fragt, welche möglichen Gefahren für die Persönlichkeitsrechte des Verkaufspersonals und die Kunden bestehen könnten.

Führen Sie mögliche Risiken auf.

2. Beim Mittagessen diskutieren Mete Öczan und seine Kollegen, wie man sich privat gegen den Missbrauch seiner persönlichen Daten schützen kann.

Zeigen Sie Beispiele für den privaten Datenschutz auf.

ERWEITERUNG DER HANDLUNGSSITUATION

Um sich weiter in die Datenschutzproblematik einzuarbeiten, informiert sich Mete Öczan nach der Fortbildung in der Zentrale bei seinen Kollegen in der EDV-Abteilung.

3. Überlegen und entscheiden Sie, aus welchen Informationsquellen Informationen über den Datenschutz gewonnen werden können.

4. Erläutern Sie

a) **den Zweck des Datenschutzes,**

b) **den Begriff personenbezogene Daten,**

c) **die wichtigsten Formen personenbezogener Daten,**

d) **die Rechtsquellen, die den Datenschutz regeln,**

e) **die Hierarchie gesetzlicher Bestimmungen im Datenschutz,**

f) **die Rolle des Bundesdatenschutzgesetzes,**

g) **den Unterschied zwischen Daten und Dateien,**

h) **die Phasen bei der Verarbeitung personenbezogener Daten.**

ERWEITERUNG DER HANDLUNGSSITUATION

Der Chef der EDV-Abteilung informiert Mete Öczan auch über die momentane Situation in einer bayerischen Filiale:

„Zwischen der Zentrale der Fairtext GmbH und der Niederlassung findet ein ständiger Datenaustausch statt: Die eigentliche Datenverarbeitung erfolgt in der Zentrale. Neben warenwirtschaftlichen Daten werden in dem Unternehmen vorwiegend Daten über Mitarbeiter, Kunden und Lieferanten verarbeitet.

Die EDV-Abteilung in der Zentrale ist für alle Mitarbeiter der Verwaltung und für das Verkaufspersonal der angeschlossenen Niederlassung jederzeit erreichbar. Seit der Umstellung von der herkömmlichen (manuellen) Datenverarbeitung auf die automatisierte (elektronische) Datenverarbeitung wurden dort keine besonderen zusätzlichen Veränderungen vorgenommen.

Die Speichermedien werden nach Betriebsschluss in einen normalen Aktenschrank abgelegt. Anschließend schließt der Abteilungsleiter die Räume der EDV-Abteilung selbst ab. Duplikate der Datenbestände existieren nicht.

Auf das Datengeheimnis sind ausschließlich die in der EDV-Abteilung tätigen Mitarbeiter verpflichtet worden."

Zur weiteren Einarbeitung in die Thematik soll Mete Öczan einen Bericht zur Datenschutzsituation der Filiale abgeben.

5. Untersuchen Sie anhand der bayerischen Filiale der Fairtext GmbH die folgenden Fragen:

a) **Findet das Bundesdatenschutzgesetz überhaupt Anwendung?**

b) **Dürfen personenbezogene Daten verarbeitet werden?**

c) **Ist eine Verpflichtung aller Mitarbeiter auf das Datengeheimnis erforderlich?**

d) **Werden die Benachrichtigungs- und die Auskunftspflicht eingehalten?**

e) **Welche Konsequenzen ergeben sich aus Bestellung und Aufgaben des betrieblichen Datenschutzbeauftragten für das Unternehmen?**

f) **Inwieweit werden Maßnahmen gemäß § 6 BDSG getroffen? Sind sie ausreichend?**

g) **Wenn Sie sich als Kunde der Fairtext GmbH betrachten: Welche Rechte können Sie wahrnehmen?**

h) **Was bedeutet der Datenschutz für die Mitarbeiter der Fairtext GmbH?**

VERTIEFUNGS- UND ANWENDUNGSAUFGABEN

1. Ergänzen Sie die folgende Mindmap.

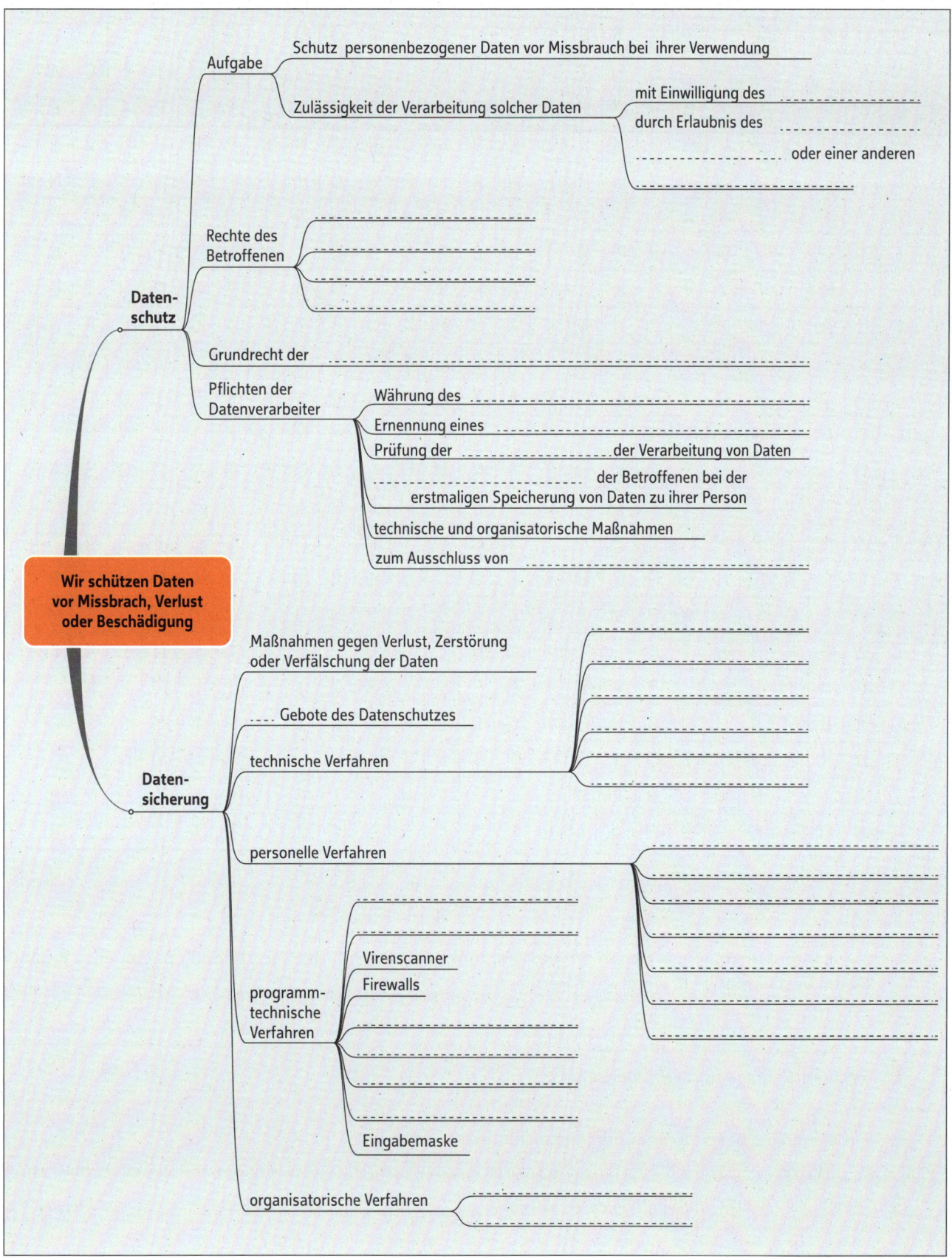

2. In diesem Suchrätsel sind 15 Wörter versteckt.

K	B	W	E	G	P	J	N	X	O	Y	T	K	A	T	F	R	I	S	T	L	O	S	O	L
B	B	J	K	J	Q	E	L	E	Z	H	B	U	U	S	D	G	U	W	Z	H	M	D	X	X
Q	U	A	L	I	F	I	Z	I	E	R	T	N	S	W	R	O	K	V	S	X	D	A	U	R
X	V	U	U	S	M	T	O	E	I	M	X	W	K	J	E	Z	N	Z	L	U	I	T	C	W
P	W	V	T	C	Y	B	V	F	H	B	X	Z	U	G	I	O	I	F	F	D	P	E	P	E
W	C	F	Q	H	L	H	V	H	S	Z	K	U	N	U	P	J	P	R	P	B	V	N	B	I
D	I	L	L	W	W	B	X	G	P	B	U	A	F	D	R	G	V	F	F	N	Q	S	P	N
C	Y	J	J	E	B	X	M	K	E	Y	G	O	T	B	V	M	O	J	D	T	F	I	B	F
F	I	L	T	R	D	L	V	O	R	T	H	B	S	Q	N	R	J	Q	E	X	J	C	E	A
V	E	M	A	B	T	V	H	K	R	N	A	R	R	Z	C	U	B	Z	Z	R	R	H	T	C
E	D	A	T	E	N	S	C	H	U	T	Z	B	E	A	U	F	T	R	A	G	T	E	R	H
E	Z	S	X	H	D	D	H	A	N	I	X	G	C	S	V	C	V	V	F	C	Q	R	I	B
Q	M	Y	F	I	H	P	G	I	G	C	A	Y	H	T	L	L	L	W	K	S	J	U	E	K
G	F	B	U	N	V	I	K	Z	S	S	M	V	T	I	D	X	N	U	P	I	Z	N	B	J
H	F	U	X	D	C	X	Q	X	R	T	I	N	V	D	U	L	O	B	B	V	Z	G	S	A
R	Y	D	J	E	M	X	E	V	E	Q	F	B	X	M	R	B	A	Y	F	X	L	E	R	H
T	W	G	J	R	W	W	K	P	C	E	Y	G	A	I	P	J	Q	T	S	E	B	G	A	F
Z	E	R	X	T	H	G	U	T	H	K	E	O	D	H	W	R	M	O	G	A	G	Y	T	B
W	C	S	G	E	X	B	P	M	T	W	L	V	V	B	P	N	U	L	Z	D	R	S	T	M
Z	W	E	R	H	W	T	P	E	R	S	O	N	E	N	B	E	Z	O	G	E	N	E	K	C
Q	C	R	I	C	Q	O	P	V	Y	F	D	S	V	I	W	U	J	P	J	N	M	P	U	I
G	A	B	M	A	H	N	U	N	G	W	G	E	E	G	E	N	Z	K	H	R	G	S	I	B
Y	H	R	Z	J	J	L	O	R	D	E	N	T	L	I	C	H	S	G	W	U	M	D	F	G
Z	A	I	S	H	W	E	H	R	P	F	L	I	C	H	T	I	G	E	I	D	I	M	Y	B
T	B	U	N	D	E	S	D	A	T	E	N	S	C	H	U	T	Z	G	E	S	E	T	Z	B

Die Wörter bedeuten:

1 Muss in Unternehmen, in denen mindestens fünf Personen mit der Verarbeitung personenbezogener Daten beschäftigt sind, eingesetzt werden:

_____

2 Rechtsgrundlage für den Datenschutz: _____

3 Für sie gilt ein besonderer Kündigungsschutz: _____

4 Solche Daten unterliegen dem Datenschutz: _____

5 Für sie gilt ein besonderer Kündigungsschutz: _____

6 Datenschutzrecht eines Betroffenen: _____

7 Recht eines Betroffenen, sich mit einer Anfrage über die zu seiner Person bei einer Daten verarbeitenden Stelle gespeicherten Daten informieren zu dürfen:

_____

8 Schutz der Daten vor Gefahren: _____

9 Eigenschaft eines Zeugnisses, wonach auch Aussagen über Führung und Leistung eines Arbeitnehmers gemacht werden:

_____

10 Muss vor einer Kündigung gehört werden: _____

11 So wird eine Kündigung genannt, wenn bestimmte Kündigungsfristen eingehalten werden:

_____

12 Verwarnung, wenn ein Arbeitnehmer mehrfach seine Pflichten verletzt hat:

_____

13 So ist eine außerordentliche Kündigung: _____

14 So ist ein Zeugnis, wenn es nur Art und Dauer einer Beschäftigung bescheinigt:

_____

15 Innerhalb so vieler Wochen kann gegen eine Kündigung Klage beim Arbeitsgericht erhoben werden:

_____

Zur weiteren Vertiefung der Lerninhalte und Sicherung der Lernergebnisse empfehlen wir die Bearbeitung der Aufgaben und Aktionen in den Kapiteln 8 und 9 des Lernfeldes 9 Ihres Lehrbuches „Groß im Handel, 2. Ausbildungsjahr".

4 Wir treten als Großhandlung auf mehreren Vertriebswegen im Internet auf

HANDLUNGSSITUATION

Herr Hahnenkamp bittet Sebastian Holpert zu einem Gespräch.

Sebastian Holpert: *„Guten Morgen, Herr Hahnenkamp. Sie wollten mich sprechen?"*

Herr Hahnenkamp: *„Ja, hallo, Herr Holpert. Wie Sie ja sicher schon gehört haben, haben wir die Natex GmbH übernommen. Das Unternehmen geht zwar in unsere Fairtext GmbH auf, wir wollen aber deren Internetvertriebswege weiterhin beibehalten. Ein befreundeter Unternehmensberater sagte mir nun, dass diese leider nicht optimal aufgestellt seien. Da müssen wir also unbedingt etwas machen: Auch über die Internetvertriebswege der Natex GmbH müssten die Kunden uns in der Fairtext GmbH so gut wie möglich erreichen."*

Sebastian Holpert: *„Mmh ..."*

Herr Hahnenkamp: *„Ja, und da kommen Sie nun ins Spiel."*

Sebastian Holpert: *„Oh, okay, gern."*

Herr Hahnenkamp: *„Ziel sollte sein, dass die Webseiten der Natex GmbH so gut werden, wie es unsere bei der Fairtext GmbH heute schon sind. Bitte kümmern Sie sich darum."*

Sebastian Holpert: *„Klar, mach' ich, dann gehe ich gleich mal zu Herrn Sternecker."*

Herr Hahnenkamp: *„Viel Erfolg!"*

Informationen zum Lösen der folgenden Handlungsaufgaben finden Sie in Ihrem Lehrbuch „Groß im Handel, 2. Ausbildungsjahr" in den Kapiteln 5 (Webshops als Instrument der Kundengewinnung) bis 7 (Auktionen) des Lernfeldes 9.

HANDLUNGSAUFGABEN

1. Sebastian Holpert untersucht zunächst den Webshop der Natex GmbH. Er zieht dazu bestimmte Kriterien heran.

Ergänzen Sie die folgende Tabelle zu den Aspekten, die bei der Auswahl und Gestaltung eines Webshops beachtet werden sollten.

Aspekt:	Erläuterung:
_____	Benutzerfreundlichkeit/Gebrauchstauglichkeit
_____	Ausmaß, welche und wie viele Aufgaben und Anforderungen ein Webshop erfüllt
Ergonomie:	
_____ Design:	Sicherstellung, dass der Webshop auf alle Monitorgrößen angepasst ist.
_____	Auch Menschen mit Einschränkungen können einen Webshop ohne Probleme verwenden

Aspekt:	Erläuterung:
_____	Sicherstellung, dass alle Funktionen im Vergleich mit vordefinierten Anforderungen (z. B. ein Pflichtenheft im Rahmen eines Projekts) vollständig umgesetzt sind
Zuverlässigkeit:	_____
_____	Unkomplizierte, schnelle und fehlerfreie Vornahme von Änderungen
_____	Verbrauchsverhalten der Betriebsmittel: Ausmaß der Nutzung der Systemressourcen
Zugriff auf Quellcode:	Es können Änderungen in der Software vorgenommen werden
Sprachen:	Es gibt die Möglichkeit, unterschiedliche _____ und _____ zu installieren
Erfüllen der _____ _____:	Sicherstellung, dass der Webshop alle rechtlich vorgeschriebenen Angaben gemacht hat

2. **Führen Sie alle Bestandteile der Funktionalität auf.**

_____

_____

_____

_____

_____

_____

3. **Geben Sie Folgen der Nichtbeachtung softwareergonomischer Prinzipien an.**

_____

_____

_____

_____

_____

_____

4. Nennen Sie Informationspflichten eines Webshops.

5. Erläutern Sie, was man unter elektronischen Marktplätzen versteht.

6. Geben Sie Vorteile für Großhandlungen an, auf Marktplätzen aufzutreten.

7. Unterscheiden Sie offene und geschlossene elektronische Marktplätze.

Offene Marktplätze:

Geschlossene Marktplätze:

8. Führen Sie Leistungen von Onlinemarktplätzen auf.

9. Erläutern Sie, was eine Onlineauktion ist.

10. Führen Sie auf, was man unter Social Selling versteht.

Zur weiteren Vertiefung der Lerninhalte und Sicherung der Lernergebnisse empfehlen wir das Bearbeiten der Aufgaben und Aktionen in den Kapiteln 5 bis 7 des Lernfeldes 9 in Ihrem Lehrbuch „Groß im Handel, 2. Ausbildungsjahr".

5 Wir arbeiten professionell mit Daten

HANDLUNGSSITUATION

Anne Schulte ist dem Gespräch mit Herrn Sternecker:

Herr Sternecker: *„Zwischen uns und unseren Geschäftspartnern fließt eine kaum noch zu überschauende Menge an Daten. Deshalb müssen wir uns hier bei der Fairtext GmbH ausgiebig Gedanken machen über einen professionellen Umgang diesen Daten!"*

Anne Schulte: *„Warum? Wir haben doch eine funktionierende EDV. Wenn ich das richtig gesehen habe, wurde gerade viel Geld in ein neues Netzwerk gesteckt ..."*

Herr Sternecker: *„Richtig: Ohne funktionierende Hardware und ohne gute Programme klappt das Ganze gar nicht.*

Doch beide nützen nichts, wenn die Daten in unseren Unternehmen nicht richtig vorbereitet und organisiert werden. Geklärt werden müssen heute immer mehr einerseits Fragen des Datenaustauschs und andererseits der Datenoptimierung."

Anne Schulte: *„Datenaustausch? Datenoptimierung?"*

Informationen zum Lösen der folgenden Handlungsaufgaben finden Sie im Lehrbuch „Groß im Handel, 2. Ausbildungsjahr" in den Kapiteln 3 (Datenfeeds und Produktdatenoptimierung) und 4 (Datenaustausch) des Lernfeldes 9.

HANDLUNGSAUFGABEN

1. Ein häufig in Großhandlungen vorkommendes Problem beim Umgang mit Daten ist der sogenannte Medienbruch. **Erläutern Sie, was ein Medienbruch ist.**

_____

_____

2. Geben Sie an, welche negativen Folgen Medienbrüche nach sich ziehen.

_____

_____

_____

3. Führen Sie auf, welche Voraussetzung beim Datenaustausch zwischen einem datensendenden einem empfangenden Unternehmen gegeben sein müssen.

_____

_____

_____

4. Erläutern Sie, was ein Datenaustauschformat ist.

_____

_____

_____

5. Definieren Sie den Begriff EDI.

_____

_____

6. Führen Sie auf, welche Informationen typischerweise im Zuge von EDI anderen Unternehmen übermittelt werden.

_____

_____

_____

_____

_____

_____

_____

7. Geben Sie Vorteile von EDI an.

_____

_____

_____

_____

8. Erläutern Sie, was ein EDI-Standard ist.

_____

_____

_____

_____

9. Geben Sie an, aus welchen zwei Teilen elektronische EDI-Nachrichten bestehen.

10. Führen Sie drei Beispiele für einen EDI-Standard an.

11. Unterscheiden Sie die Begriffe
   a) Übertragungsprotokoll

   b) **EDIFACT**

   c) **EANCOM**

   d) **CSV**

12. Um die Übertragung sehr großer Datenbestände (zum Beispiel Produktdaten) zu erleichtern, werden **Datenfeeds** verwendet. **Erläutern Sie diesen Begriff**.

13. Führen Sie Einsatzmöglichkeiten von Datenfeeds auf.

14. Geben Sie an, was man unter Produktdatenoptimierung versteht.

15. Führen Sie mindestens fünf Gründe für schlechte Produktdaten auf.

–

–

–

–

–

–

–

16. Erläutern Sie, wie sich mangelhafte Produktdaten negativ auswirken.

_____

_____

_____

_____

_____

_____

_____

17. **Erläutern Sie die Begriffe**
   a) **Tagging**

_____

_____

_____

   b) **Kategorisierung**

_____

_____

_____

   c) **Normalisierung**

_____

_____

_____

   d) **Matching**

_____

_____

_____

Zur weiteren Vertiefung der Lerninhalte und Sicherung der Lernergebnisse empfehlen wir das Bearbeiten der Aufgaben und Aktionen in den Kapiteln 3 und 4 des Lernfeldes 9 Ihres Lehrbuches „Groß im Handel, 2. Ausbildungsjahr".